"十四五"职业教育国家规划教材

智能新能源汽车认知与操作安全

主　编　何泽刚
副主编　邱治泽

北京理工大学出版社
BEIJING INSTITUTE OF TECHNOLOGY PRESS

内容简介

本书由天津职业技术师范大学汽车职业教育研究所组织编写,教材采用基于工作过程的方法进行开发。内容以典型工作任务为载体进行编排,并融合了"1+X"智能新能源汽车职业技能等级证书以及智能网联汽车检测与运维职业技能等级证书等考试要求所包含的部分知识点与技能点,主要包括新能源汽车高电压与操作安全、纯电动汽车认知、混合动力汽车认知和燃料电池汽车及智能网联汽车认知四个学习情境。每个情境下还包含若干学习任务,每个学习任务以实际工作任务进行导入,理论知识包含共性知识和个性知识,实践技能部分主要以比亚迪 E5 450 纯电动汽车、丰田卡罗拉混合动力汽车为例。智能网联汽车认知部分,以 2019 年中国技能大赛——全国新能源汽车关键技术技能大赛机动车检测工(新能源汽车智能化技术)赛项指定的智能网联汽车实操竞赛平台为例,进行了智能网联汽车组成结构认知以及传感器的安装与调试。

本书适合于开设新能源汽车类专业的职业院校使用,也可以供新能源汽车技术培训机构使用,同时也可作为从事新能源汽车维修等相关行业人员的参考书。

版权专有　侵权必究

图书在版编目(CIP)数据

智能新能源汽车认知与操作安全 / 何泽刚主编. —北京:北京理工大学出版社,2023.8重印

ISBN 978-7-5682-8812-5

Ⅰ.①智⋯　Ⅱ.①何⋯　Ⅲ.①新能源-汽车-高等职业教育-教材　Ⅳ.① U469.7

中国版本图书馆 CIP 数据核字(2020)第 144391 号

出版发行 / 北京理工大学出版社有限责任公司
社　　址 / 北京市海淀区中关村南大街5号
邮　　编 / 100081
电　　话 /(010)68914775(总编室)
　　　　　(010)82562903(教材售后服务热线)
　　　　　(010)68944723(其他图书服务热线)
网　　址 / http://www.bitpress.com.cn
经　　销 / 全国各地新华书店
印　　刷 / 定州市新华印刷有限公司
开　　本 / 787 毫米 × 1092 毫米 1/16
印　　张 / 12.5　　　　　　　　　　　　　　　责任编辑 / 陆世立
字　　数 / 294 千字　　　　　　　　　　　　　文案编辑 / 陆世立
版　　次 / 2023 年 8 月第 1 版第 5 次印刷　　　责任校对 / 周瑞红
定　　价 / 44.00 元　　　　　　　　　　　　　责任印制 / 边心超

图书出现印装质量问题,请拨打售后服务热线,本社负责调换

编写委员会

编委会顾问
  吴全全 朱 军 王仁广 王 斌

编委会主任
  申荣卫

编委会成员（按姓氏拼音排序）
  包丕利 何泽刚 孔 超 台晓虹
  徐利强 徐念峰 杨小刚 周 毅

前言

当前，全球新能源汽车进入快速发展的新阶段，产业竞争正在由以电动化为核心，转变为电动化、智能化、网联化和共享化融合发展的竞争。党的二十大报告提出："推动战略性新兴产业融合集群发展，构建新一代信息技术、人工智能、生物技术、新能源、新材料、高端装备、绿色环保等一批新的增长引擎。"建设现代化产业体系，巩固优势产业领先地位，加快推动下一代新能源汽车发展，广泛形成绿色低碳的生产生活方式，积极稳妥推进碳达峰碳中和。教育、科技、人才是全面建设社会主义现代化国家的基础性、战略性支撑。为培养新能源汽车技术技能人才，服务新能源汽车发展应用，作者团队编写了《智能新能源汽车认知与操作安全》一书。

"智能新能源汽车认知与操作安全"是针对新能源汽车维修类专业学生进行电动汽车机电维修工能力培养的专业核心课程。本课程构建于"汽车机械基础"和"新能源汽车电力电子基础"课程的基础上，主要培养学生高压防护与维修操作安全、新能源汽车检测仪器设备使用和新能源汽车及智能网联汽车组成结构认知等专业能力，同时注重培养学生的社会实践能力和解决问题的能力。

本教材采用"以行动为导向、基于工作过程"的课程开发方法进行开发，以新能源汽车高电压与操作安全、纯电动汽车认知、混合动力汽车认知和燃料电池汽车及智能网联汽车认知的典型工作任务为载体，梳理和序化理论知识，根据学生的认知规律设计了相应的学习情境和工作任务，并将劳动精神、工匠精神和团队精神融入其中。

本教材的主要特点如下：以典型工作任务为载体，每个工作任务都有明确的学习目标；典型工作任务来源于电动汽车机电维修工实际工作岗位，并对其进行了适当的教学化加工；理论知识按照典型工作任务的需求进行重新序化，将理论和实践以典型工作任务为主线进行有机融合；学习车型以比亚迪 E5 450 纯电动汽车和丰田卡罗拉混合动力汽车为主，其他车型为辅，本书全部内容均在实车上进行了验证。

本书坚持"知行合一、工学结合"，设计成新型活页式教材，匹配有活页式任务工单，并配套开发教学设计、教学课件、教学录像等信息化资源。同时为适应"互联网＋职业教育"发展需求，运用现代信息技术改进教学方式方法，推进虚拟仿真实训资源的建设和普遍应用；作者团队天津职业技术师范大学汽车职业教育研究所，整体开发了包含操作录像、VR 资源、教学动画等资源在内的"汽车专业课程及教学资源库平台"专业教学资源库。

本书适用于开设新能源汽车类相关专业的职业院校，建议采用理实一体化的教学方式开展教学，也可供各类培训机构使用。

本书采用"校企双元"模式共同开发，由天津交通职业学院何泽刚担任主编，重庆市铜梁职业教育中心邱治泽担任副主编，天津职业技术师范大学王泽森、青岛军民融合学院孔倩倩、重庆市铜梁职业教育中心谷峰和广东省普宁职业技术学校蔺程程参与编写。

本书在编写过程中得到了天津闻达天下科技有限责任公司提供的资金、设备及技术支持，在此表示衷心的感谢。本书在编写过程中参考了大量国内外相关著作和文献资料，在此一并向有关作者表示感谢。

由于编者水平有限，书中难免有错漏之处，敬请读者批评指正。

天津职业技术师范大学汽车职业教育研究所

目录

学习情境 1　新能源汽车高电压与操作安全 …………………………… 1

　　任务1　新能源汽车高电压与操作安全 …………………………………… 2
　　任务2　常用检测仪器设备使用 …………………………………………… 18

学习情境 2　纯电动汽车认知 …………………………………………… 33

　　任务1　纯电动汽车组成结构认知 ………………………………………… 34
　　任务2　纯电动汽车驾驶操作与体验 ……………………………………… 65

学习情境 3　混合动力汽车认知 ………………………………………… 79

　　任务1　混合动力汽车组成结构认知 ……………………………………… 80
　　任务2　混合动力汽车驾驶操作与体验 …………………………………… 110

学习情境 4　燃料电池汽车及智能网联汽车认知 ……………………… 121

　　任务1　燃料电池汽车组成结构认知 ……………………………………… 122
　　任务2　智能网联汽车组成结构认知 ……………………………………… 136

参考文献 …………………………………………………………………… 160

学习情境 1
新能源汽车高电压与操作安全

【学习目标】

- 能通过查阅相关维修技术资料等方式获取车辆信息；
- 能叙述新能源汽车高低压标准及高压危害；
- 能识别新能源汽车高压系统部件及线束；
- 能叙述新能源汽车的触电方式及防护措施；
- 能正确识别和使用新能源汽车个人及车间防护用具；
- 能正确识别和使用高压系统警示标志；
- 能叙述新能源汽车高压安全操作规程及注意事项；
- 能进行简单的急救操作；
- 能正确规范地对电动汽车进行下电操作；
- 能叙述新能源汽车常用检测仪器设备的作用；
- 能正确选择和使用新能源汽车常用检测仪器设备；
- 能正确选择和使用绝缘工具；
- 能正确规范地使用新能源汽车故障诊断仪完成读取数据流等操作。

新能源汽车高电压与操作安全

任务导入

小王是某纯电动汽车4S店的维修工，早晨接到一辆故障车，师傅让小王对该纯电动汽车进行下电，以保证安全检修。你能告诉小王如何安全规范地对比亚迪E5 450电动汽车进行下电操作吗？

学习目标

1. 能通过查阅相关维修技术资料等方式获取车辆信息；
2. 能叙述新能源汽车高低压标准及高压危害；
3. 能识别新能源汽车高压系统部件及线束；
4. 能叙述新能源汽车的触电方式及防护措施；
5. 能正确识别和使用新能源汽车个人及车间防护用具；
6. 能正确识别和使用高压系统警示标志；
7. 能叙述新能源汽车高压安全操作规程及注意事项；
8. 能进行简单的急救操作；
9. 能正确规范地对电动汽车进行下电操作。

理论知识

面对全球范围日益严峻的能源形势和环保压力，世界主要汽车生产厂家开始大力研发新能源汽车，也把发展新能源汽车作为提高产业竞争力和保持经济社会可持续发展的重大战略举措。"中国制造2025"和"十三五"规划把发展新能源汽车列为战略新兴产业，并对新能源汽车研发、生产、销售和充电设施建设等上下游产业均给出了较为完善的政策扶持。2019年，我国新能源汽车产销分别达到124.2万辆和120.6万辆，保有量已达到381万辆，居世界首位。中国新能源汽车产业已走在世界前列。

任务 1　新能源汽车高电压与操作安全

新能源汽车的大量普及促进了汽车行业对人才的需求，新能源汽车具有高压、系统高度复杂和与传统汽车维修工艺不同等特殊的产品特点，这对新能源汽车维护维修的操作人员提出了更高的要求：能够认知纯电动汽车和混合动力汽车的结构组成及高压等级；能够进行安全防护与规范操作；并且操作人员需要具有一定资质才能对新能源汽车进行维护维修作业，以免发生触电事故。

一、新能源汽车高压系统及高低压标准

具有高压系统是传统汽车与新能源汽车的最大区别之一，如图1-1-1所示（注：高电压汽车同时具有直流高压和交流高压）。新能源汽车电压等级可高达200~600 V，如北汽EV160纯电动汽车的动力电池额定电压为320 V，特斯拉动力电池额定电压达到366 V，丰田普锐斯混合动力汽车的动力电池额定电压为201.6 V，比亚迪E5 450纯电动汽车的动力电池额定电压高达604.8 V，在带电作业时如果防护不当，则会引起触电事故。

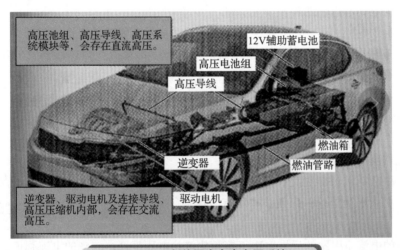

图1-1-1　新能源汽车高电压系统

对此，在《中华人民共和国国家标准》GB/T 18384.3—2015《电动汽车安全要求》第3部分，即人员触电防护标准中，根据最大工作电压U，对电气元件或电路分为以下等级，如表1-1-1所示。A级为低压，不要求提供触电防护；B级为高压，对于任何B级电压电路的带电部件，都应为作业人员提供危险接触的防护。

表1-1-1　电路的电压等级

电压等级	最大工作电压/V	
	直流	交流（有效值）
A	$0 < U \leq 60$	$0 < U \leq 30$
B	$60 < U \leq 1\,500$	$30 < U \leq 1\,000$

在车辆系统中，高压系统线束和插头均为橙色，图1-1-2所示为比亚迪E5 450高压电控总成外部的高压线束。比亚迪E5 450整车高压系统包括动力电池、高压电控总成（含高压控

制盒、电机控制器、DC-DC 转换器和车载充电机)、驱动电机等高压部件及其连接高压部件的高压线束，还有电动空调压缩机和 PTC 加热器等高压附件及其线束。上述所有电器部件或线束，工作电压均高于直流 60 V 或交流 30 V，在带电作业时必须采取防护措施。

图 1-1-2 比亚迪 E5 450 高压电控总成外部高压线束

二、高压危害

高电压之所以危险，是因为人体的肌肉、皮肤以及血管中的血液都可以导电，当高电压加载到人体后，在人体内会形成电流。触电电流对人体的伤害是多方面的，根据伤害的性质不同，触电可分为电伤和电击两种。

电伤是指由于电流的热效应、化学效应和机械效应对人体的外表造成的局部伤害，如电灼伤、电烙印和皮肤金属化等。电击是指电流流过人体内部造成人体内部器官的伤害。电击使人致死的原因有三方面：

（1）流过心脏的电流过大、持续时间过长引起"心室纤维性颤动"而致死，如图 1-1-3 所示；

（2）电流作用使人窒息而死亡；

（3）电流作用使心脏停止跳动而死亡。

发生触电事故后，可能在之后数日才出现后续伤害，因此务必请医生治疗，以便检查所有身体功能是否正常。

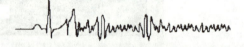

图 1-1-3 心室纤维性颤动

通过人体的电流所引发的后果取决于接触位置的电压强度、流动的电流强度、电流的持续时间、电流的路径（最糟的情况是通过心脏）和电流的频率。通过人体的电流可分为感知电流、摆脱电流和致命电流三类。根据 VDE 0100 第 410 部分可知电流强度级别与电击持续时间与对身体的危害性有关，电击摆脱阈值如图 1-1-4 所示。

（1）感知电流：电流流过人体时可引起感觉的最小电流。感知电流的最小值称为感知阈值。成年男性平均感知电流约为 1.1 mA（有效值）；成年女性约为 0.7 mA。如图 1-1-4 所示，在强度范围①内，电流为 0.1~0.5 mA，对人无影响；在强度范围②内，电流为 0.5~2 mA 时，人体能感觉到电流；电流为 3~5 mA 时，开始有痛感。

2）摆脱电流：人在触电后能够自行摆脱带电体的最大电流。成年男性平均摆脱电流约为 16 mA；成年女性平均摆脱电流约为 10.5 mA；儿童的摆脱电流比成人要小。如图 1-1-4 所示，在强度范围②内，电流为 10~20 mA 时，开始麻木，达到松手极限值，即"摆脱阈值"，它会触发身体挛缩。这时人无法摆脱电源，电流的作用时长会因此显著延长。

3）致命电流：在短时间内危及生命的最小电流，此最小电流值即致命阈值。致命电流与电流持续时间关系密切（图 1-1-4 的强度范围③和强度范围④）。当电流持续时间超过心脏周期（约 0.8 s）时，致命电流仅为 50 mA 左右。当电流持续时间短于心脏周期时，致命电流为数百毫安。当电流持续时间小于 0.1 s 时，只有电击发生在心脏易损期，500 mA 以上乃至数安的电流才能够引起心室颤动。需注意的是，交流电压引发人体内的交流电流，而该电流会触发肌肉和心脏颤动。交流电压的频率越低，其危险性越大。交流电会非常早地引发心室纤维颤动，如果伤者不能及时得到救助，就会有生命危险。

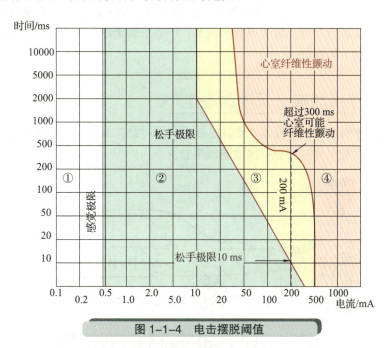

图 1-1-4　电击摆脱阈值

电流路径及人体不同部位的等效电阻值如图 1-1-5 所示。该电阻值的大小会受人员衣物潮湿程度和皮肤湿度的影响而略有变化。如图 1-1-6 所示，当人体两手接触到一个 288 V 直流电压时，利用欧姆定律可以获得如下计算：

$$I = \frac{U}{R} = \frac{288 \text{ V}}{1\,080 \text{ Ω}} = 0.27 \text{ A}$$

由图 1-1-4 可知，人体通过 0.27 A 的电流，持续时间大约超过 0.2 s 就可能会引发心室纤维性颤动，就会有生命危险。

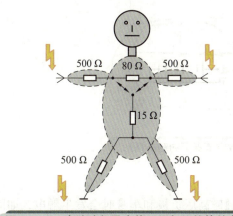

图 1-1-5　电流路径及人体不同部位的等效电阻

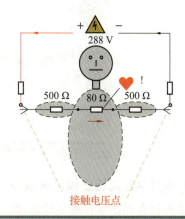

图 1-1-6　人体两手接触 288V 直流电压

三、新能源汽车触电方式

新能源汽车有如此高的电压，如果新能源汽车用户和维修者对高压系统缺乏了解，则在对车辆进行清洗或维护保养时很可能会引发触电，对人员造成伤害甚至死亡。下面对新能源汽车的几种触电方式进行介绍，告知用户和车辆维修人员，在车辆的使用及维修过程中，要杜绝此现象发生。新能源汽车触电方式可分为两类：一是车辆无绝缘故障情况下的触电；二是车辆存在绝缘故障情况下的触电。

1. 车辆无绝缘故障情况下的触电

车辆无绝缘故障情况下，当身体（尤其是双手）同时触碰高压正、负极时会发生触电，如图1-1-7所示。可采取的防护措施：佩戴绝缘手套。

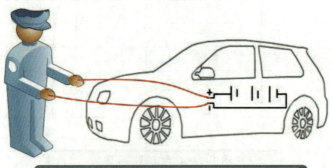

图1-1-7　车辆无绝缘故障情况下的触电情形

2. 车辆存在绝缘故障情况下的触电

1）车辆存在高压负极绝缘故障

如果车辆存在高压负极绝缘故障，当身体同时触碰高压正极和车身时会发生触电，如图1-1-8所示。可采取的防护措施：穿戴绝缘手套、绝缘服、绝缘鞋和绝缘头盔。

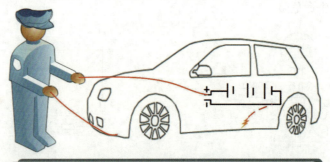

图1-1-8　车辆存在高压负极绝缘故障情况下的触电情形

2）车辆存在高压正极绝缘故障

如果车辆存在高压正极绝缘故障，当身体同时触碰高压负极和车身时会发生触电，如图1-1-9所示。可采取的防护措施：穿戴绝缘手套、绝缘服、绝缘鞋和绝缘头盔。

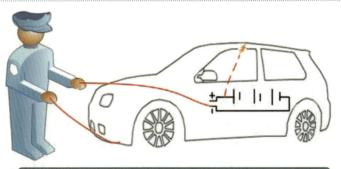

图 1-1-9　车辆存在高压正极绝缘故障情况下的触电情形

3）车辆存在高压负极绝缘故障，且车身与大地连通

如果车辆存在高压负极绝缘故障，且车身与大地连通，当用户或维修人员脚与大地导通，身体触碰高压正极时会发生触电，如图 1-1-10 所示。可采取的防护措施：穿戴绝缘手套、绝缘服、绝缘鞋和绝缘头盔。

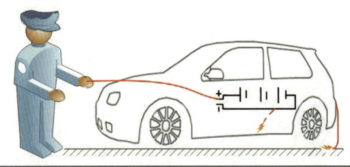

图 1-1-10　车辆存在高压负极绝缘故障，且车身与大地连通情况下的触电情形

4）车辆存在高压正极绝缘故障，且车身与大地连通

如果车辆存在高压正极绝缘故障，且车身与大地连通，当用户或维修人员脚与大地导通，身体触碰高压负极时会发生触电，如图 1-1-11 所示。可采取的防护措施：穿戴绝缘手套、绝缘服、绝缘鞋和绝缘头盔。

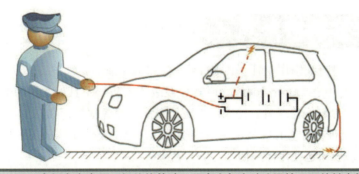

图 1-1-11　车辆存在高压正极绝缘故障，且车身与大地连通情况下的触电情形

5）车辆存在高压负极绝缘故障，雨天充电

如果车辆存在高压负极绝缘故障，且在雨天使用快充桩充电时，雨水会导致车身与大地连

接,当用户或维修人员脚与大地导通,身体触碰快充正极时会发生触电,如图1-1-12所示。可采取的防护措施:穿戴绝缘手套、绝缘服和绝缘鞋。

图1-1-12　车辆存在高压负极绝缘故障,雨天充电情况下的触电情形

6)车辆存在高压正极绝缘故障,雨天充电

如果车辆存在高压正极绝缘故障,且在雨天使用快充桩充电时,雨水会导致车身与大地连接,当用户或维修人员脚与大地导通,身体触碰快充负极时会发生触电,如图1-1-13所示。可采取的防护措施:穿戴绝缘手套、绝缘服和绝缘鞋。

图1-1-13　车辆存在高压正极绝缘故障,雨天充电情况下的触电情形

在充电桩的220 V交流电或380 V动力电线束破损的情况下,充电时也有可能导致人员触电,还有其他触电的情形,这里不再一一介绍。

四、个人防护用具

对新能源汽车进行维修作业时,必须按照厂家维修手册的要求进行作业。为防止作业时人的身体触碰到高压电,维修新能源汽车时需要佩戴个人防护用具。常用的个人高压防护用具包括绝缘手套、绝缘鞋、绝缘靴、绝缘服、防护眼镜和绝缘帽等,如图1-1-14所示。电气作业时应使用绝缘胶布覆盖所有的高压电线或端子。在电动车辆维修开关(也称维修塞)被拔出后,应使用绝缘胶布包住维修塞槽。

图 1-1-14　个人高压防护用具

（a）绝缘手套；（b）绝缘鞋；（c）绝缘靴；（d）防护眼镜；（e）绝缘帽；（f）绝缘服

在进行任何有关高压组件或线路的操作时，需要使用橡胶制成的绝缘手套，绝缘手套可防止双手触碰到高压电，这些手套通常被认为是电工手套。按照我国国家标准《GB/T 17622—2008 带电作业用绝缘手套》规定，绝缘手套电压等级共分 5 级，0 级绝缘手套的适用电压为 380 V，1 级绝缘手套的适用电压为 3 000 V，2 级绝缘手套的适用电压为 10 000 V，3 级绝缘手套的适用电压为 20 000 V，4 级绝缘手套的适用电压为 35 000 V。新能源汽车用绝缘手套耐压等级需在 1 级以上，绝缘手套使用时要先进行测漏检查。防护眼镜可防止腐蚀液体或电弧伤害眼睛。绝缘鞋可防止高压电通过大地与人体形成导电回路，高压电力设备电工作业时可将绝缘鞋作为辅助安全用具，在 1 kV 以下可将其作为基本安全用具。绝缘帽可以防止头部触碰到高压电。绝缘服可以防止身体触碰到高压电。

五、车间防护设备

新能源汽车常用的车间防护设备主要有防静电工作台、绝缘胶垫、灭火器、隔离带和车间警示标志等。

1. 防静电工作台

防静电工作台如图 1-1-15 所示，在对新能源汽车电力电子部件或总成进行检测时，防静电工作台可防止静电击穿电力电子元器件。

2. 绝缘胶垫

绝缘胶垫又称绝缘毯、绝缘垫、绝缘胶皮或绝缘垫片等，如图 1-1-16 所示。绝缘胶垫具有较大体积电阻率，耐电击穿，用于配电等工作场合的台面或铺地绝缘材料，可起到绝缘的效果。

图 1-1-15　防静电工作台

图 1-1-16　绝缘胶垫

3. 灭火器

灭火器有干粉式灭火器、泡沫式灭火器和二氧化碳灭火器等。干粉灭火器使用方便、有效期长，一般家庭使用的灭火器都是这一类型，如图 1-1-17 所示，它适用于扑救各种易燃、可燃液体和易燃、可燃气体火灾，以及电器设备火灾；泡沫灭火器适用于扑救各种油类火灾和木材、纤维、橡胶等固体可燃物火灾；二氧化碳灭火器灭火性能高、毒性低、腐蚀性小以及灭火后不留痕迹，使用比较方便，它适用于各种易燃、可燃液体和可燃气体火灾，还可扑救仪器仪表、图书档案和低压电器设备以及 600 V 以下的电器初起火灾。

新能源汽车火灾是指纯电动汽车、油（气）电混合动力汽车、插电式混合动力汽车及其他新能源汽车，由于发生交通事故、自身设备故障或引燃等原因，车辆起火，造成人员伤亡和财产损失的灾害。当新能源汽车发生火灾时，应及时报警并根据现场情况救助被困人员。如果火势处于初起阶段，且有被困人员时，可使用干粉灭火器对火势进行压制；当无被困人员时，可使用干粉灭火器或二氧化碳灭火器对火势进行压制。

图 1-1-17　灭火器

4. 隔离带

隔离带可将车辆高压电气系统的作业场地隔离，防止其他人员随意进入，起到隔离和警示的作用，如图 1-1-18 所示。

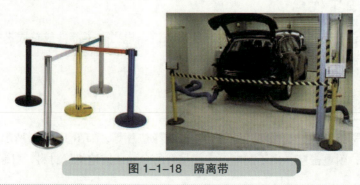
图 1-1-18　隔离带

5. 车间警示标志

车间警示标志如图 1-1-19 所示，用于提醒人员电气设备高压危险。

高压电气系统已断路！

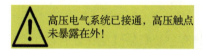
高压电气系统已接通，高压触点未暴露在外！

高压电气系统已接通，高压触点暴露在外！

图 1-1-19 车间警示标志

六、电动汽车维修作业安全

对新能源汽车高压系统进行检修，仅允许具备足够资质和知识的人员对车辆高压电气系统进行操作。根据 DIN VDE 0105 制定的高压装置安全操作规程，新能源汽车维修作业安全操作，一般遵循以下三点安全规程：

（1）断电：断开来自高压系统的电压；
（2）严防设备重新合闸：防止再次接通；
（3）验电：确保高压系统断电。

因此，对新能源汽车进行维修作业前，先对车辆进行下电操作。不同车型下电步骤可能有所不同，下电前请一定详细阅读维修手册。实践技能部分将以比亚迪 E5 450 纯电动汽车为例，介绍纯电动汽车的下电步骤。

七、检修车辆高压系统时的注意事项

（1）所有橙色的线均带高压，可能危及生命；
（2）不得将喷水软管和高压清洗装置直接对准高压部件；
（3）高压接头上不可使用机油、润滑脂和触点清洗剂等；
（4）在高压导电部件附近进行检修工作时，必须先让系统下电；
（5）在进行焊接、用切削工具加工以及用尖锐工具进行操作时，必须先让系统下电；
（6）所有松开了的高压接头必须严防进水和污物；
（7）损坏的导线必须予以更换；
（8）佩带有电子（医学）生命和健康维持装置的人（比如带心脏起搏器）不得检修高压系统；

（9）必须使用合适且经过认可的测量仪器；

（10）检修进水的高压系统时要非常小心（潮湿的部件，尤其是带有融雪盐的部件是非常危险的）。

为保证检修高压系统的安全而需要的辅助用具：耐酸、耐压的安全手套；绝缘的劳保鞋；合适的高压防护工具；护目镜；绝缘盖布等。

八、急救

1. 电气伤害救助

在发生意外事故、公共危险或紧急危难时具有急救资格且能保证自己生命安全的情况下，在场作业人员应立即采取救助措施，电气伤害救助流程如图1-1-20所示，首先将事故电路断开，然后拨打急救电话，在医生到来之前检查触电人员体征并进行急救。

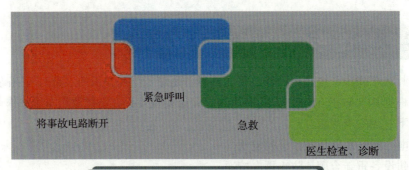

图1-1-20　电气伤害救助流程

对于触电人员的救助，要注意以下几点：

（1）保持冷静，切勿直接触碰接触电压的人员；

（2）如果可能的话，立即切断电力设备的电源（在高电压车辆上关闭点火开关或者立即拔下保养插头）；

（3）使用不导电的工具（木板和扫帚柄等）将伤者或者电流导体与电源分开。

2. 电气火灾救助

电气火灾救助要注意以下几点：

（1）做好自我防护，切勿吸入烟气；

（2）向消防部门报警；

（3）当消防人员到场后须告知火灾涉及的高压汽车；

（4）在需要的情况下，去除附近的火源，或者使用覆盖法确保安全；

（5）在扑灭电力设备上的火灾时须使用二氧化碳或者干粉灭火器，也可使用灭火毯；

（6）不可使用二氧化碳灭火器为身上着火的人灭火（有窒息危险）。

当新能源汽车着火时，可使用干粉灭火器灭火。如果只是动力电池着火，则推荐使用二氧化碳灭火器。当发生大面积或大的火灾时，持续大量的浇水也同样可以扑灭动力电池火灾（使用少量的水是危险的，比如只用一桶水扑火时，实际上将加剧动力电池火灾的严重程度）。

九、心肺复苏（CPR）操作流程

对于心脏跳动停止者，如在 4 分钟内对其实施初步的心肺复苏（CPR），在 8 分钟内由专业人员进一步对其进行心脏救生，其死而复生的可能性最大，因此时间就是生命，速度是关键。心肺复苏（CPR）2015 年国际新标准操作流程如下：

（1）意识的判断：用双手轻拍病人双肩，问："喂！你怎么了？"告知无反应。

（2）检查呼吸：观察病人胸部起伏 5~10 秒（1001、1002、1003、1004、1005…）告知无呼吸。

（3）呼救：来人啊！喊医生！推抢救车！除颤仪！

（4）判断是否有颈动脉搏动：用右手的中指和食指从气管正中环状软骨划向近侧颈动脉搏动处，告之无搏动（数 1001、1002、1003、1004、1005…判断五秒以上 10 秒以下）。

（5）松解衣领及裤带。

（6）胸外心脏按压：两乳头连线中点（胸骨中下 1/3 处），用左手掌跟紧贴病人的胸部，两手重叠，左手五指翘起，双臂伸直，用上身力量用力按压 30 次（按压频率至少 100 次/分，按压深度至少 5 厘米）。

（7）打开气道：仰头抬颌法。口腔无分泌物，无假牙。

（8）人工呼吸：应用简易呼吸器，一手以"CE"手法固定，一手挤压简易呼吸器，每次送气 400~600 ml，频率 10~12 次/分。

（9）持续 2 分钟的高效率的 CPR：以心脏按压：人工呼吸 = 30：2 的比例进行，操作 5 个周期（心脏按压开始送气结束）。

（10）判断复苏是否有效（听是否有呼吸音，同时触摸是否有颈动脉搏动）。

（11）整理病人，进一步生命支持。

拓展阅读

一、新能源汽车行业发展趋势

我国新能源汽车行业发展目标是成为国际技术领先的新能源汽车制造强国。《中国制造 2025》提出到 2020 年，我国自主品牌新能源汽车产业发展目标为产业化取得重大进展、产业竞争力显著提升、配套能力明显增强、逐步实现车辆信息化与智能化。

我国新能源汽车产业制定实施"三纵三横"为依托的基本战略。混合动力、纯电动和燃料电池汽车为三纵，电池、电机和电控为三横，建立了节能与新能源汽车推广示范应用的规划、政策及标准体系。电池包括动力电池和燃料电池；电动机包括电动机系统及其发动机、变速器总成一体化技术；电控包括电转向、电空调、电制动和车网融合等在内的新能源汽车电子控制技术。

2016 年 10 月 26 日，中国汽车工程学会《节能与新能源汽车技术路线图》对新能源汽车技术发展提出了明确的思路和路径，同时也指出了轻量化和智能网联化是新能源汽车的发展方向。

二、新能源汽车行业面临的挑战

尽管"十三五"规划为新能源汽车产业全面发展勾画了宏伟蓝图，但是新能源汽车产业的发展不可避免地面临一些阶段性的困难与挑战。

1. 安全性倍受公众关注与质疑

作为主流的动力锂电池技术路线在安全性和稳定性方面仍然存在相对的劣势，近年来，新能源汽车充电自燃等安全事故及隐患备受关注。锂电池生产厂商未来在材料性能优化和生产技术工艺方面还需进一步提升，电池管理系统的组装检测工艺也有待进一步加强。

2. 充电网络的建设速度不及预期

虽已新建大量充电基础设施，但充电网络仍不能满足新能源汽车市场的需要。充电桩故障损坏、充电桩车位遭传统车辆侵占和充电桩数量不足等问题仍将制约新能源汽车的放量增长并严重影响新能源车主的体验。

3. 锂电池技术水平是最大的瓶颈

锂电池技术水平决定了一辆新能源汽车的主要性能。新能源汽车动力锂电池的能量密度与安全性的对立、充电速度与循环寿命的对立的问题是发展新能源汽车技术的关键。正极材料是锂电池四大材料之一，约占电池成本的20%~30%，是决定电池安全、性能、成本和寿命的关键材料，其关键技术仍掌握在日韩以及北美的企业手中。此外，隔膜作为锂电池中技术含量及附加值较高的材料，其情况与正极材料相似，在高端领域，日本和美国企业利用技术壁垒在市场中形成寡头垄断，国内企业在高端产品上仍难以突破。除了比亚迪自主生产电池外，很多新能源整车企业仍向外资电池企业采购电池，因为外资电池质量控制水平较好，成组打包后不仅和单体电芯在性能和充放电次数等指标上相差不多，而且各个产品的差异性都比较小，电池的一致性和稳定性较好，这是国内电池企业很难做到的。我国动力电池产品不仅在生产研发环节上受一致性、良品率、安全性、可靠性以及创新能力等制约，在销售环节上也受韩国等国外电池企业的掣肘。

4. 新能源汽车智能化、网联化的趋势导致新能源汽车专业学科跨度大、复合程度高

车辆智能化与网联化在传统燃油汽车发展时期就是一个重要的技术研究热点，新能源汽车兴起之后，新能源汽车的智能化和网联化发展更为迅速。智能化和网联化技术在新能源汽车上的大量运用，使新能源汽车技术与IT技术深度融合，新能源汽车专业人才不可避免地需要掌握大量的IT技术知识，使得新能源汽车专业的课程体系的学科跨度大，汽车技术课程、轻量化技术课程、电气化课程和IT技术课程的复合程度高。

> 实践技能

比亚迪 E5 450 纯电动汽车下电操作

1. 安全提示

比亚迪E5纯电动
汽车下电操作

(1) 所有橙色的线均带高压,可能危及生命;
(2) 不准用水冲洗擦拭电气设备;
(3) 雷雨天气,禁止在室外对车辆充电和维修维护;
(4) 发现有人触电,应立即切断电源进行抢救,在未脱离电源前不能直接接触触电者。

2. 比亚迪 E5 450 纯电动汽车下电操作

电动汽车作业包括带电作业和非带电作业,带电作业需要佩戴个人高压防护用具。进行非带电作业(如绝缘检测、拆卸高压线束或更换高压部件等)之前,应先按照操作规范进行下电操作。

第一步:检查场地及安装警戒标志。
(1) 检查场地,确认符合作业环境;
(2) 拉警戒遮拦,如图1-1-21(a)所示;
(3) 悬挂警戒标识,如图1-1-21(b)所示;
(4) 检查自身,确认没有佩戴金属饰品、钥匙和硬币等;
(5) 将佩戴的金属饰品、钥匙和硬币等放入储物箱;
(6) 锁好储物箱;
(7) 找一名监护人。

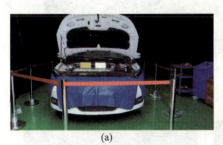
(a)

(b)

图 1-1-21 拉警戒遮拦及悬挂警戒标识
(a) 拉警戒遮拦; (b) 悬挂警戒标识

第二步:切断低压电源。
(1) 安装好车内三件套;
(2) 打开前机舱盖,安装好翼子板布及格栅布;
(3) 将电源挡位退至"OFF"挡,确保电源挡位处于"OFF"位置,将智能钥匙移开车辆探测范围,如图1-1-22(a)所示;
(4) 等待5分钟;

（5）断开低压蓄电池负极端子，如图 1-1-22（b）所示。

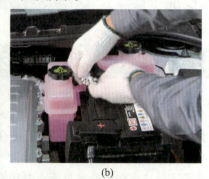

图 1-1-22　拔下钥匙及断开低压蓄电池负极端子

（a）关闭电源并移开智能钥匙；（b）断开低压蓄电池负极端子

第三步：拆下维修开关。

（1）打开中央置物盒盖，拆下置物盒四个固定螺丝，取下置物盒，如图 1-1-23（a）所示；

（2）检查绝缘手套绝缘等级，检查绝缘手套外观是否有破损、磨损以及是否漏气或其他损坏，并佩戴好绝缘手套，如图 1-1-23（b）所示；

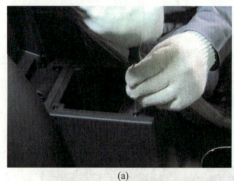
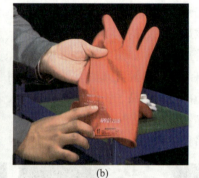

绝缘手套检查

图 1-1-23　拆下中央置物盒

（a）拆下置物盒四个固定螺丝；（b）检查并佩戴绝缘手套

（3）解锁维修开关，如图 1-1-24 所示；

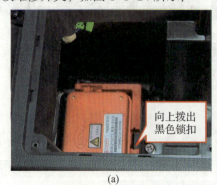

向上拨出黑色锁扣

图 1-1-24　解锁维修开关

（a）解锁维修开关；（b）解锁后

（4）向上拔出维修开关并妥善保管，如图1-1-25所示；

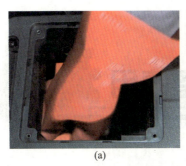 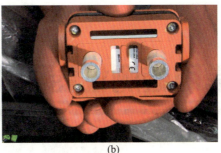

(a) (b)

图1-1-25 拔下维修开关

(a) 向上拔出维修开关；(b) 拔下后的维修开关

（5）放上置物盒，并盖好中央置物盒盖，防止异物落入维修开关位置；

（6）更换警示牌，下电完成，可以进行维护或维修相关作业。

学习小结

（1）新能源汽车维护维修的操作人员，要能够认知纯电动汽车和混合动力等汽车的结构组成与高压等级，能够进行安全防护与规范操作，并且操作人员需要具有一定资质才能对新能源汽车进行维护维修作业，以免发生触电事故。

（2）人员触电防护标准中，直流60 V以上，或交流30 V以上，都应为人员提供危险接触的防护。

（3）在车辆系统中，高压系统线束和插头均为橙色，在带电作业时必须采取防护措施。

（4）通过人体的电流所引发的后果取决于接触位置的电压强度、流动的电流强度、电流的持续时间、电流的路径（最糟的情况是通过心脏）和电流的频率。通过人体的电流可分为感知电流、摆脱电流和致命电流三类。

（5）新能源汽车常用的个人高压防护用具包括绝缘手套、绝缘鞋、绝缘靴、绝缘服、防护眼镜和绝缘帽等。

（6）新能源汽车常用的车间防护设备主要有防静电工作台、绝缘胶垫、灭火器、隔离带和车间警示标志等。

（7）新能源汽车维修作业安全操作，一般遵循以下三点安全规程：

①断电：断开来自高压系统的电压；

②严防设备重新合闸：防止再次接通；

③验电：确保高压系统断电。

思考题

1. 汽车的48V轻混系统属于高压吗？新能源汽车高低压标准如何？
2. 什么是触电？直流电与交流电相比，哪个危险性大？
3. 在进行新能源汽车保养维修时，有哪些高压安全防护措施？

学习情境 1　新能源汽车高电压与操作安全

常用检测仪器设备使用

任务导入

小王是某纯电动汽车 4S 店刚入职的维修工，不会使用新能源汽车常用的检测仪器设备。你能给小王示范一下如何安全规范地使用新能源汽车检测仪器设备吗？

学习目标

1. 能叙述新能源汽车常用检测仪器设备的作用；
2. 能正确选择和使用新能源汽车常用检测仪器设备；
3. 能正确选择和使用绝缘工具；
4. 能正确规范地使用新能源汽车故障诊断仪完成读取数据流等操作。

理论知识

一、常用检测仪器设备介绍

1. 万用表

万用表可以用来测量电路中的电流、电压和电阻，以及测试电路的通断和测试二极管等。常用的数字万用表如图 1-2-1 所示。

2. 兆欧表

兆欧表，也称绝缘电阻测试仪，是电工常用的一种测量仪表，以兆欧（MΩ）为单位。兆欧表主要用来检查电气设备、家用电器或电气线路对地及相间的绝缘电阻，以保证这些设备、电器和线路工作在正常状态，避免发生触电伤亡及设备损坏等事故。图 1-2-2 所示为数字兆欧表，常用于变压器、电机、线缆、开关、电器等各种电气设备及绝缘材料的绝缘电阻测量，同时也可显示绝缘电阻电压的实际值，可测试高达 10 GΩ 的绝缘电阻。由于绝缘测试时测试表笔输出高压电，因此进行绝缘测试时需要佩戴绝缘手套。

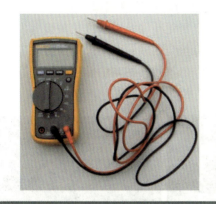

图 1-2-1　数字万用表

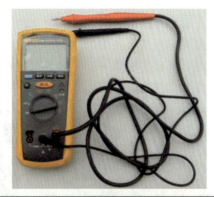

图 1-2-2　数字兆欧表

3. 数字钳形表

数字钳形表是一种用于测量正在运行的电气线路电流大小的仪表，可在不断电的情况下测量电流，是专门测量大电流的电工仪器。数字钳形表分为直流钳形表、交流钳形表和交直流钳形表三种类型。数字交直流钳形表如图 1-2-3 所示，该钳形表可进行交直流电压和电流测量，在交流和直流模式下，可读取高达 1 000 V 的电压和 1 000 A 的电流，并能够测量高达 500 Hz 的频率。

4. 示波器

示波器是一种用途十分广泛的电子测量仪器。它能把肉眼看不见的电信号变换成看得见的波形，便于人们研究各种电现象的变化过程。示波器有单通道示波器、双通道示波器和多通道示波器。

利用示波器不仅可以观察各种不同信号幅度随时间变化的波形曲线，还可以用它测试各种不同的电量参数，如电压、电流、频率、相位差和调幅度等，常用的便携式多通道数字示波器如图 1-2-4 所示。

图 1-2-3　数字交直流钳形表

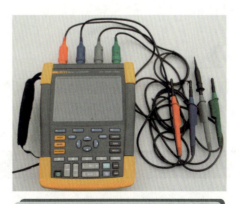

图 1-2-4　便携式多通道数字示波器

5. 红外测温仪

红外测温仪就是将物体发出的不可见红外能量转变为可见的热图像,如图1-2-5所示。热图像上面的不同颜色代表被测物体的不同温度。温度变化往往是电气或机械设备发生故障的早期征兆。电气设备中的热点往往意味着短路、保险丝烧毁或过载。总体而言,工作温度越高,越容易破坏绝缘并且导致导电材料的电阻升高,电气元件的寿命越短。此外,机械设备中温度升高的趋势可能预示着过载或需要润滑。

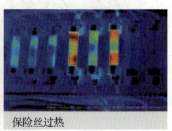

保险丝过热

图 1-2-5 红外测温仪

红外测温仪是一种非接触式测温仪,在新能源动力系统、制动系统、液压系统、牵引系统、传动系统、加热系统、精密加工等机械和动力场合应用广泛。

6. 蓄电池内阻测试仪

蓄电池内阻测试仪能够精确测量蓄电池两端电压和内阻,并以此来判断蓄电池电池容量和技术状态的优劣。现在的智能蓄电池测试仪既能准确测量蓄电池的健康状态和荷电状态以及连接电阻,又能通过在线方式显示并记录单节或多组电池的电压、内阻和容量等重要参数,精确有效地挑出劣性电池,并可通过专用电池数据管理软件生成测试报告,跟踪电池的衰变趋势,提供维护建议。蓄电池内阻测试仪如图1-2-6所示。

图 1-2-6 蓄电池内阻测试仪

7. 测电笔

测电笔能够简单、方便、快捷地测量交直流电压,如图1-2-7所示。某品牌防水型测电笔基本技术参数如表1-2-1所示。

表 1-2-1 测电笔基本技术参数

基本功能		量程/V	基本精度
电压测量	AC	12~690	±(3%+5)
	DC	12~690	±(3%+5)

8. 直流高压放电工装

直流高压放电工装如图 1-2-8 所示，可用于汽车和电视等电压较高的电容放电（适用于 800 V 以下的电压）。高压电容放电器放电时不分正负极，只要使电容两极接触良好即可。

图 1-2-7　测电笔

图 1-2-8　直流高压放电工装

9. 放电棒

放电棒适用于高压输配电设备的检修和维护。放电棒包括由绝缘材料制成的一段前棒体和一段后棒体，前棒体和后棒体分别连接在一个导电接头的前后两端，导电接头上连接有接地导线，前棒体前端安装有一个带有导电挂钩的前导体，后棒体的后端安装有手柄，如图 1-2-9 所示。放电棒前棒体为空心管件，其前后两端分别由前导体和导电接头封闭，其内腔中充满导电的电阻液，前导体的后端还连接有一个电极，电极置于电阻液中。该设备经常被用在室外各项高电压试验中，特别在做直流耐压试验后，要用高压放电棒对试品上积累的电荷进行对地放电，以确保人身安全。

放电棒使用之前，应检查放电棒的外表、接地线、接地夹头和放电电阻；放电前，应先用接地夹头接在接地极上；放电时，手握手柄，慢慢地将放电棒导电头靠近被放电设备，直至完全接触，经过反复几次放电直至无火花后，才允许直接接地。

图 1-2-9　放电棒

注意事项：对大电容量的设备，在进行直流耐压试验后的放电时，为防止放电电阻损坏，不要马上放电，等待 2 分钟后进行放电。放电时，操作人员必须穿戴绝缘靴、绝缘手套并站在绝缘垫上，以确保人身安全。

二、绝缘工具及安全使用

由于新能源汽车上的电压等级与传统汽车不同，在进行新能源汽车维护维修作业时，需要用满足绝缘等级要求的新能源汽车专用工具,如图 1-2-10 所示。

图 1-2-10　新能源汽车专用工具

1. 绝缘工具的定义

绝缘工具是指可在额定电压 1 000 V AC(交流电压)和 1 500 V DC(直流电压)的带电和近电工件或器件上进行维修作业的手工工具。

2. 绝缘工具依据的标准

欧盟标准 EN60900:2012/VDE 0682 Part201《耐压最高为 1 000 V AC 和 1 500 V DC 的带电作业手工具》被国际电工委员会作为国际标准发布(国际标准 IEC60900:2012《耐压最高为 1 000 V AC 和 1 500 V DC 的带电作业手工具》)。我国于 2008 年采用国际标准 IEC60900 制定了国家标准 GB/T 18269—2008《交流 1 kV、直流 1.5 kV 及以下等级带电作业用绝缘工具》。

新能源汽车常用绝缘工具包括 1/2 公制六角套筒、12.5 mm 绝缘快速脱落棘轮扳手、12.5 mm 系列绝缘接杆、12.5 mm 系列绝缘 T 型柄、12.5 mm 系列绝缘内六角旋具套筒、10 mm 系列绝缘六角套筒、绝缘快速脱落棘轮扳手、10 mm 系列绝缘接杆、3/8in(1in=25.4 mm)绝缘延长接杆、双色绝缘一字螺丝批、双色绝缘十字螺丝批、绝缘耐压斜嘴钳、绝缘耐压钢丝钳、绝缘耐压尖嘴钳、绝缘耐压活动扳手、防护式 VDE 电缆剥线刀、开口绝缘扳手、梅花绝缘扳手,可将这些设备放在一个工具车中,作为新能源汽车专用工具车。

绝缘工具在使用时要注意以下事项:

(1)绝缘工具应避免高温烘烤,以防手柄或绝缘层变形;

(2)在使用或存放时应避免利器割裂绝缘层;

(3)在佩戴绝缘手套时,先戴一副棉纱手套用以吸附手汗,操作时在绝缘手套外加戴一副帆布手套或羊皮手套,以防导线或电缆的断口划破绝缘手套,从而导致电击;

(4)避免绝缘工具接触油类或溶剂类液体;

(5)绝缘工具应定期进行耐压试验。

三、新能源汽车故障诊断仪介绍

新能源汽车故障诊断仪与传统汽车故障诊断仪类似,通过诊断仪可以扫描全车电脑,实现故障码读取、故障码清除、数据流读取和匹配设置等功能，以帮助维修人员快速判断故障或进行相应设置。由于新能源汽车具有动力电池、驱动电机和电机控制器等部件，新能源汽车故障诊断仪还要能够读取相应控制单元的信息，比如读取动力电池总电压、模组温度、单芯电池的电压及温度、直流母线电流、接触器状态和驱动电机相电流等信息。图1-2-11 所示为北汽新能源专用的 VCI 故障诊断盒，OBDII 接头连接车辆故障诊断插座，USB 接头连接装有诊断软件的笔记本电脑，诊断软件界面如图1-2-12 所示。

图 1-2-11　北汽新能源 VCI 故障诊断盒

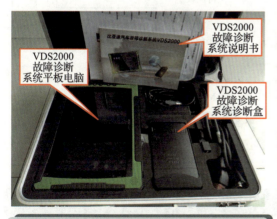

图 1-2-12　北汽新能源故障诊断软件界面

比亚迪新能源汽车专用故障诊断系统 VDS2000 如图 1-2-13 所示，该诊断系统可通过有线和无线两种方式连接，诊断软件初始界面如图 1-2-14 所示。

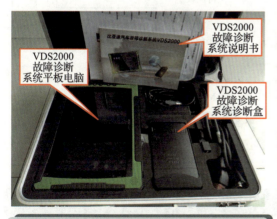

图 1-2-13　比亚迪汽车故障诊断系统 VDS2000

图 1-2-14　VDS2000 诊断系统软件初始界面

拓展阅读

一、车辆自身的人员触电防护机制

（1）具备基本绝缘、附加绝缘、双重绝缘和加强绝缘要求；
（2）高压部件有绝缘外壳保护；
（3）高电压部件必须有好的防水性；
（4）漏电、碰撞后会自动断电。

二、外壳防护等级

1. 外壳防护等级的定义

外壳防护等级就是指电气设备的外壳对下述内容的防护能力：
（1）防止人体接近壳内危险部件；
（2）防止固体异物进入壳内设备；
（3）防止由于水进入壳内对设备造成有害的影响。

2. IP 的组成

目前，我国现行的外壳防护等级标准是《中华人民共和国国家标准外壳防护等级（IP代码）》GB-4208—2008。IP 代码由字母（IP）、两位特征数字、一位附加字母和一位补充字母组成，如图 1-2-15 所示。

第 1 位数字表示电器防尘、防止外物侵入的等级，第 2 位数字表示电器防湿气、防水侵入的密闭程度，数字越大表示其防护等级越高，防尘等级最高级别为 6，防水等级最高级别为 8。附加字母所表示的是对接近危险部件的防护等级，补充字母所表示的是进行试验的补充要求。附加字母和补充字母可省略。电动车辆采用的是 IP67 的防护等级。

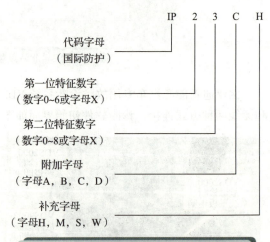

图 1-2-15 外壳防护等级 IP 代码的组成

实践技能

国际上应用较多的电气检测仪器品牌是美国福禄克，该品牌产品精度高，可靠性强，国内使用较多的品牌是优利德，不同品牌的检测仪器使用方法类似。万用表应用较多，本文不再介绍其使用方法，下面将以福禄克品牌的绝缘电阻测试仪 F1508、示波器 F190-104、钳形表 F381 为例介绍其使用方法，最后介绍道通 MS906 故障诊断仪的使用。

一、绝缘电阻测试仪的使用

1. 注意事项

（1）使用前请详细阅读该测量仪器的使用说明书；

（2）进行绝缘测试时，被测系统或部件不能带电；

（3）进行绝缘测试时，由于兆欧表会输出高电压，所以需要佩戴绝缘手套，穿绝缘鞋。

2. 使用方法

（1）将红表笔插在绝缘测试插孔上，黑表笔插在 COM 孔上，如图 1-2-16 所示。

（2）根据被测系统的工作电压来选择测试电压，测试电压要大于工作电压。比亚迪 E5 450 动力电池额定电压为 604.8 V，在进行绝缘测试时选择 1 000 V 挡位，如图 1-2-17 所示。

图 1-2-16　绝缘测试仪表笔连接

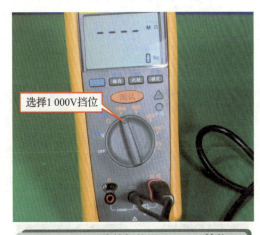

图 1-2-17　将旋钮旋至 1 000 V 挡位

（3）使用前先进行校表，即进行开路测试和短路测试，短路测试即红、黑表笔短接，进行兆欧表调零测试，如图 1-2-18 所示。

（4）下面对比亚迪 E5 450 纯电动汽车维修开关进行绝缘测试。

将红、黑两个表笔分别抵触在被测部位上，按下测试按钮开始测试，兆欧表显示被测电路上所施加的测试电压为 1 050 V，绝缘电阻为 11 GΩ，如图 1-2-19 所示。

图1-2-18 短路测试

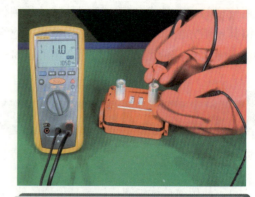
图1-2-19 绝缘测试

二、示波器的使用

1. 注意事项

（1）使用前请详细阅读该测量仪器的使用说明书；

（2）要正确连接示波器的四个测量通道；

（3）进行测试时，测试点电压不要超过测量通道的最大输入电压，以免烧坏仪器或发生触电。

2. 使用方法

下面以测量比亚迪E5 450纯电动汽车加速踏板位置的传感器信号波形为例，介绍示波器的使用方法。

（1）福禄克190-104为四通道示波器，每个通道线束颜色不同，通道A至通道D依次为红色、蓝色、灰色和绿色，如图1-2-20所示，连接通道A。

（2）借助博世208适配线，将示波器探针正极连接到加速踏板传感器信号1（插头4号端子）上，如图1-2-21所示。示波器正极探针测量位置示意图如图1-2-22所示。

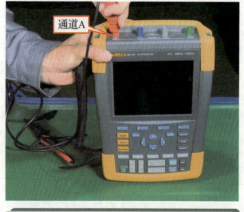
图1-2-20 连接示波器通道A线束

图1-2-21 连接示波器正极探针

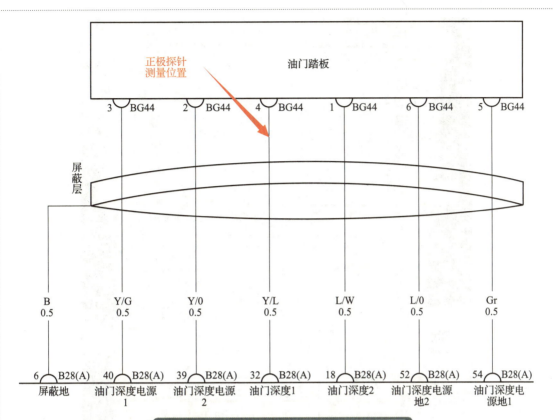

图 1-2-22 示波器正极探针测量位置示意图

将示波器负极探针连接到车身搭铁上，如图 1-2-23 所示。

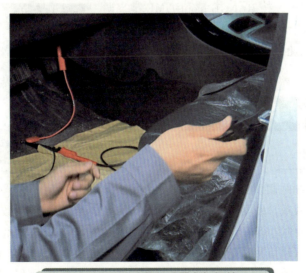

图 1-2-23 连接示波器负极探针

（3）打开示波器电源开关，起动车辆，观察示波器屏幕波形。该示波器可以设置为自动模式，即自动捕捉、自动设置频率和时间（频率），也可手动设置幅值和时间（频率），RANGE 键用于调整幅值，TIME 键用于调整时间，如图 1-2-24 所示。

学习情境 1 新能源汽车高电压与操作安全

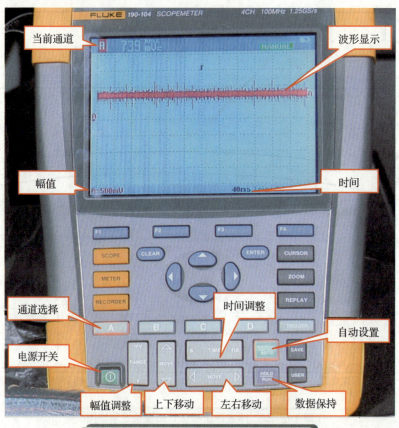

图 1-2-24 示波器部分按钮说明

多次踩下加速踏板，按 RANGE 键和 TIME 键，调整幅值和时间，将波形调整至最佳观察状态，如图 1-2-25 所示，这是加速踏板传感器信号 1 的波形。

三、钳形表的使用

1. 注意事项

（1）使用前请详细阅读该测量仪器的使用说明书；

（2）在裸露的导线或母线附近工作时要格外小心，与导线接触可导致触电；

（3）在危险带电导体外露的环境中，必须使用个人保护设备来防止触电和电弧放电的伤害；

（4）不要使用仪表钳口测量电路中负载大于 1 000 V 或 1 000 A 的交流/直流电流；

（5）测量电流时，在确保钳口已闭合并且钳口内没有导线情况下，按下归零按钮先对仪表进行归零，以保证测量数据准确；

（6）钳形表是利用霍尔效应原理来测量导线中的电流，因此，测量电流时，一次只能将一根导线放入钳口中，且导线要在钳口的中央，以保证测量数据准确，如图 1-2-26 所示。

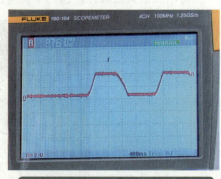

图 1-2-25 示波器波形显示

任务 2　常用检测仪器设备使用

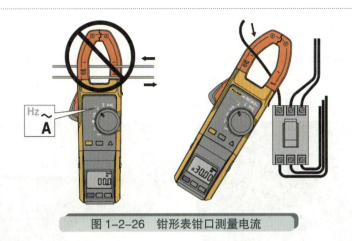

图 1-2-26　钳形表钳口测量电流

2. 使用方法

下面以测量比亚迪 E5 450 高压电控总成内 DC-DC 转换器的直流输出电流为例，介绍钳形表钳口测量电流的使用方法。

（1）将钳形表旋钮调至直流电流挡，按下归零按钮对仪表归零，如图 1-2-27 所示。

（2）将感应钳夹在 DC-DC 转换器直流输出母线上，导线置于钳口中央位置，起动车辆，钳形表显示电流为 9.3 A 左右，如图 1-2-28 所示，这是 DC-DC 转换器的输出电流。

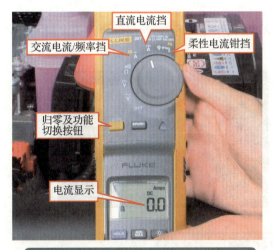

图 1-2-27　钳形表按钮及挡位

图 1-2-28　DC-DC 转换器输出电流测试

四、新能源汽车故障诊断仪的使用

1. 注意事项

（1）不要带电插拔故障诊断插头；

（2）使用完毕后及时关闭诊断仪电源。

2. 使用方法

下面以道通 MS906 故障诊断仪为例，读取比亚迪 E5 450 电机控制器相关数据流。

（1）确保电源开关处于 OFF 位置，将故障诊断仪插头与汽车上的诊断插座连接，诊断插座在驾驶员侧中控台下方，如图 1-2-29 所示。

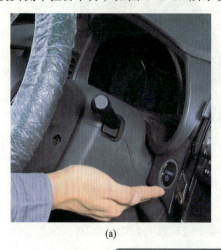 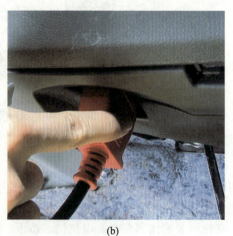

(a) (b)

图 1-2-29 连接诊断仪

（a）关闭电源；（b）连接诊断插头

（2）踩下制动踏板，按下车辆电源开关，给车辆上电。打开诊断仪电源开关，向上滑动解锁屏幕，如图 1-2-30 所示。

(a) (b)

图 1-2-30 打开诊断仪

（a）打开诊断仪电源开关；（b）解锁屏幕

（3）依次点击"新能源"—"比亚迪"—"E5"—"诊断"选项，进入"自动扫描"及"控制单元"选择界面。选择"自动扫描"，诊断仪可以自动扫描全车电脑；选择"控制单元"，则进入控制单元选择界面，如图 1-2-31 所示。

图 1-2-31　由主界面进入控制单元选择界面

(a) 诊断仪主界面点击 "新能源" 选项；(b) 点击 "比亚迪" 选项；
(c) 点击 "E5" 选项；(d) 点击 "诊断" 选项；
(e) "自动扫描" 与 "控制单元" 选项；(f) 自动扫描全车电脑

（4）点击 "动力模块" 选项，进入动力模块控制单元选择界面，可滑动翻页，在第二页点击 "VTOG_DSP2" 选项，继续点击 "读数据流" — "数据流" 选项，进入数据流选择界面，选择部分数据流进行读取，如图 1-2-32 所示，可查看电机开启状态、制动踏板状态、挡位、READY 指示灯状态、油门踏板位置、动力电池母线电压、电机转速、电机扭矩和电机温度等数据流，可帮助维修人员分析驱动电机系统当前状态。

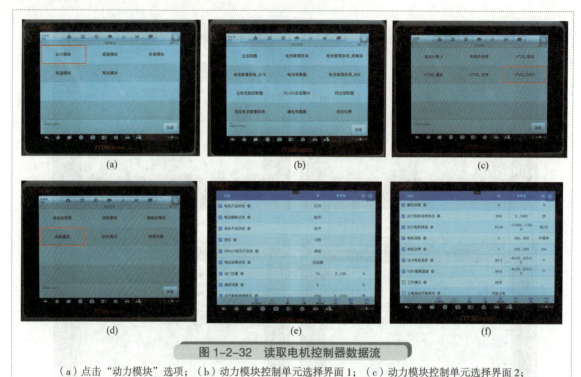

图 1-2-32 读取电机控制器数据流

（a）点击"动力模块"选项；（b）动力模块控制单元选择界面1；（c）动力模块控制单元选择界面2；
（d）点击"读数据流"选项；（e）电机控制器部分数据流1；（f）电机控制器部分数据流2

读取故障码和清除故障码的操作与此类似，这里不再赘述。

学习小结

（1）新能源汽车常用检测仪器设备主要有万用表、示波器、兆欧表、放电笔和红外测温仪等。由于绝缘测试时测试表笔输出高压电，因此进行绝缘测试时需要佩戴绝缘手套。

（2）兆欧表，也称绝缘电阻测试仪，是电工常用的一种测量仪表，以兆欧（MΩ）为单位。兆欧表主要用来检查电气设备、家用电器或电气线路对地及相间的绝缘电阻。

（3）绝缘工具是指可在额定电压1 000 V AC（交流电压）和1 500 V DC（直流电压）的带电和近电工件或器件上进行维修作业的手工工具。

（4）钳形表是利用霍尔效应原理来测量导线中的电流，因此，测量电流时，一次只能将一根导线放入钳口中，且导线要在钳口的中央，以保证测量数据准确。

思考题

1. 用兆欧表检测绝缘电阻时，为什么要佩戴绝缘手套？
2. 什么是绝缘工具？
3. 钳形表在使用时有哪些注意事项？

学习情境 2
纯电动汽车认知

【学习目标】

➢ 能通过查阅相关维修技术资料和用户手册等方式获取车辆信息；
➢ 能叙述新能源汽车及纯电动汽车的定义；
➢ 能介绍纯电动汽车的特点；
➢ 能叙述典型纯电动汽车的结构组成；
➢ 能叙述纯电动汽车各系统及部件的作用；
➢ 能叙述传统汽车与新能源汽车的区别；
➢ 能认知比亚迪 E5 450 纯电动汽车的组成结构；
➢ 能认知新能源汽车典型的指示灯及警告灯；
➢ 能说出试乘试驾时的注意事项；
➢ 能正确识别纯电动汽车各个操作按钮或开关的位置，并能说出其功能；
➢ 能说出对纯电动汽车试乘试驾的评价项目。

纯电动汽车组成结构认知

任务导入

小王是某纯电动汽车4S店的服务顾问，客户张先生对一款纯电动汽车特别感兴趣，想让小王介绍一下纯电动汽车的组成结构。假如你是小王，你能向张先生介绍纯电动汽车的组成结构吗？

学习目标

1. 能通过查阅相关维修技术资料等方式获取车辆信息。
2. 能叙述新能源汽车及纯电动汽车的定义。
3. 能了解纯电动汽车的特点。
4. 能叙述典型纯电动汽车的结构组成。
5. 能叙述纯电动汽车各系统及部件的作用。
6. 能叙述传统汽车与新能源汽车的区别。
7. 能认知比亚迪E5 450纯电动汽车的组成结构。
8. 能认知新能源汽车典型的指示灯及警告灯。

理论知识

一、新能源汽车定义

工业和信息化部公布了最新的《新能源汽车生产企业及产品准入管理规定》，并于2017年7月1日起施行。该规定第三条对新能源汽车进行了明确定义：新能源汽车是指采用新型动力系统，完全或主要依靠新型能源驱动的汽车，包括插电式混合动力（含增程式）汽车、纯电动汽车和燃料电池汽车等。按照《节能与新能源汽车产业发展规划（2012—2020年）》的规定,混合动力汽车仍被定义为节能汽车,即以内燃机为主要动力系统,综合工况燃料消耗量优于下一阶段目标值的汽车。本课程重点介绍纯电动汽车、混合动力汽车及燃料电池汽车。

二、纯电动汽车定义

纯电动汽车(Battery Electric Vehicle,简称 BEV),是指以车载电源为动力,用电动机驱动车轮行驶,符合道路交通和安全法规各项要求的车辆。它利用动力电池(如铅酸电池、镍镉电池、镍氢电池和锂离子电池)作为储能动力源,通过动力电池向电动机提供电能,驱动电动机运转,从而推动汽车前进,其动力结构示意图如图 2-1-1 所示。

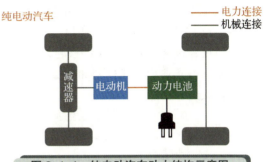

图 2-1-1 纯电动汽车动力结构示意图

三、纯电动汽车的优点

1. 无污染、噪声小

纯电动汽车无内燃机汽车工作时产生的废气,不产生排气污染,对环境保护和空气的洁净是十分有益的,几乎是"零污染"。而内燃机汽车废气中的 CO、HC、NO_x、微粒和臭气等污染物易形成酸雨、酸雾及光化学烟雾。电动汽车无内燃机产生的噪声,电动机的噪声也内燃机小。

2. 结构简单,维修方便

纯电动汽车较内燃机汽车结构简单,运转和传动部件少,维修保养工作量小。当采用交流感应电动机时,电动机无须保养维护。

3. 能量转换效率高

纯电动汽车除了驱动车辆行驶外,还可回收制动和下坡时的能量,提高能量的利用效率。对电动汽车的研究表明,其能源效率已超过汽油机汽车。特别是在城市运行时,汽车走走停停,行驶速度不高,此时使用电动汽车更加适宜。电动汽车停止时不消耗电量,在制动过程中,电动机可自动转化为发电机,实现制动减速时能量的再利用。

另外,电动汽车的应用可有效地减少对石油资源的依赖,可将有限的石油用于更重要的方面。向蓄电池充电的电力可以由煤炭、天然气、水力、核能、太阳能、风力和潮汐等能源转化。除此之外,如果夜间向蓄电池充电,还可以避开用电高峰,有利于电网均衡负荷,减少费用。

四、纯电动汽车组成结构

传统燃油汽车是由发动机、底盘、车身和电气四大部分组成,纯电动汽车的结构与燃油汽车相比,主要增加了电力驱动控制系统,而取消了发动机。因此,纯电动汽车的结构主要由电力驱动控制系统、汽车底盘、车身以及各种辅助装置等部分组成。除了电力驱动控制系统之外,其他部分的功能及其结构组成基本与传统汽车相同,不过有些部件根据所选的驱动方式不同,已被简化或省去了,所以电力驱动控制系统既决定了整个纯电动汽车的结构组成及其性能特征,也是纯电动汽车的核心,这也是区别于传统内燃机汽车的最大不同之处。

纯电动汽车典型组成框图如图2-1-2所示,电力驱动控制系统由电力驱动系统、电源系统和辅助系统等三部分组成。

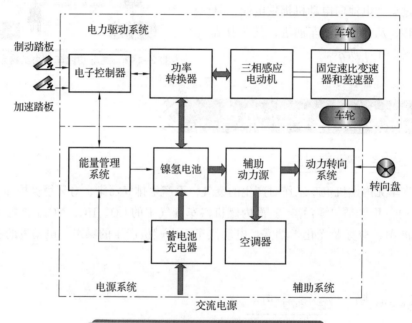

图 2-1-2　纯电动汽车典型组成框图

图中双线表示机械连接;粗线表示电气连接;细线表示控制信号连接;线上的箭头表示电功率或控制信号的传输方向。来自加速踏板的信号输入电子控制器并通过控制功率变换器来调节电动机输出的转矩或转速,电动机输出的转矩通过汽车传动系统驱动车轮转动。充电器通过汽车的充电接口向蓄电池充电。在汽车行驶时,蓄电池经功率变换器向电动机供电。当电动汽车采用电制动时,驱动电动机运行在发电状态,将汽车的部分动能回馈给蓄电池以对其充电,并延长电动汽车的续驶里程。

1. 电力驱动系统

电力驱动系统(下文简称驱动系统)主要包括电子控制器、功率转换器、电动机、机械传动装置和车轮等。驱动系统的作用是将存储在蓄电池中的电能高效地转化为车轮的动能进而推进汽车行驶,并能够在汽车减速制动或者下坡时,实现再生制动。

电子控制器的作用是接收加速踏板位置信号、制动踏板位置信号、挡位信号及其他相关信号，综合判断驾驶员意图和整车工况，发出控制指令给功率变换器，通过功率变换器控制电动机的电压或电流，完成电动机的驱动转矩和旋转方向的控制。

功率变换器是将蓄电池的直流电转换为频率和电压均可调的交流电进而驱动电动机工作。当汽车减速制动或者下坡时，功率变换器将车轮驱动电动机产生的电能存储在蓄电池中。

电动机的作用是将电源的电能转化为机械能，通过传动装置驱动或直接驱动车轮。早期，电动汽车广泛采用直流串激电动机，这种电动机具有"软"的机械特性，与汽车的行驶特性非常适应。但直流电动机由于存在换向火花、比功率较小、效率较低和维护保养工作量大等缺点，随着电动机技术和电动机控制技术的发展，正在逐渐被直流无刷电动机（DCBM）、永磁同步电动机、开关磁阻电动机（SRM）和交流异步电动机所取代。

机械传动装置的作用是将电动机的驱动转矩传给汽车的驱动轴。因为电动机可以带负载起动，所以纯电动汽车无须安装传统内燃机汽车的离合器。并且驱动电动机的转向可以通过电路控制实现变换，因此，纯电动汽车无须内燃机汽车变速器中的倒挡。当采用电动机无级调速控制时，电动汽车可以省去传统汽车的变速器。在采用轮毂电机驱动时，电动汽车也可以省去传统内燃机汽车传动系统的差速器。

2. 电源系统

电源系统主要包括电源、能量管理系统和充电机等。它的作用是向电动机提供驱动电能，监测电源使用情况以及控制充电机向蓄电池充电。

电源是制约电动汽车发展的主要因素。作为电动汽车的电源应该具有高比能量和高比功率等性能，以满足汽车的动力性和续驶里程的要求。纯电动汽车常用的电源有铅酸蓄电池、镍镉电池、镍氢电池和锂离子动力电池等。能量管理系统主要负责监测电源的使用情况以及控制充电机向蓄电池充电。

3. 辅助系统

辅助系统主要包括辅助动力源（低压蓄电池、DC-DC转换器）、电动空调系统、电动助力转向系统和电动真空制动系统等。

五、北汽EV160纯电动汽车组成结构

北汽EV160纯电动汽车电力驱动控制系统采用典型的分体式结构，其主要部件位置如图2-1-3所示，电源系统包括动力电池、电池管理系统（BMS）和充电系统车载充电机等，驱动及传动系统包括电机控制器、驱动电机和减速驱动桥等，整车控制系统包括整车控制器、加速踏板位置传感器、制动踏板位置传感器、挡位信号和启动钥匙信号等，辅助系统包括DC-DC直流转换器、低压蓄电池、电动助力转向系统（EPS）、电动真空制动系统、电动空调系统和仪表显示系统等，高压控制盒用于辅助高压配电。

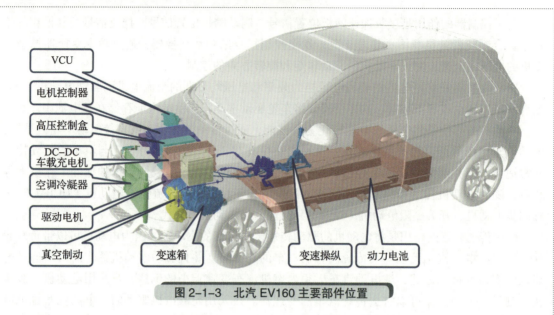

图 2-1-3 北汽 EV160 主要部件位置

1. 电源系统

电源系统包括动力电池、电池管理系统（BMS）和充电系统等。

1）动力电池

北汽 EV160 动力电池箱如图 2-1-4 所示，动力电池分布于汽车底盘中。动力电池提供的电能，通过驱动电机转化为机械能，经由传动机构传递到驱动轮，驱动汽车行驶。动力电池箱内包括了动力电池模组、电池管理系统（BMS）及相应的辅助元器件。辅助元器件主要包括系统内部的电子元器件，如熔断器、继电器、线束及接插件、温度传感器等，以及维修开关、密封条和绝缘材料等。

2）电池管理系统

北汽 EV160 电池管理系统（BMS）如图 2-1-5 所示。BMS 是电池保护和管理的核心部件，在动力电池系统中，它的作用就相当于人的大脑。它不仅要保证电池安全可靠地使用，而且要充分发挥电池的能力，延长使用寿命。作为电池和整车控制器（VCU）以及驾驶者沟通的桥梁，通过控制接触器控制动力电池组的充放电，并向 VCU 上报动力电池系统的基本参数及故障信息。

图 2-1-4 北汽 EV160 动力电池箱

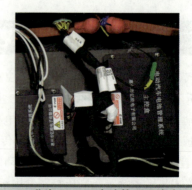

图 2-1-5 北汽 EV160 电池管理系统（BMS）

BMS 的功能:通过电压、电流及温度检测等功能实现对动力电池系统的过压、欠压、过流、过高温和过低温保护,对继电器控制、SOC 估算、充放电管理、均衡控制、故障报警及处理、与其他控制器通信等功能,此外电池管理系统还具有高压回路绝缘检测功能,以及为动力电池系统加热功能。

3)充电系统

北汽 EV160 的充电系统分为慢充系统和快充系统,其充电口如图 2-1-6 所示。慢充口在传统车加油口的位置,可以通过交流充电桩或家用交流充电线对动力电池进行充电,充电速度较慢。车载充电机的主要作用是将 220 V 交流电转换为动力电池的直流电,实现电池电量的补给。快充接口在车头车标处,通过直流充电桩给动力电池充电,充电速度快。

图 2-1-6 充电口

(a)慢充口;(b)快充口

2. 驱动及传统系统

驱动及传动系统主要由电机控制器、驱动电机和减速驱动桥构成。

1)驱动电机及控制系统

驱动电机及控制系统结构如图 2-1-7 所示,驱动电机系统作为纯电动汽车的主要部件之一,是车辆主要执行机构,其性能决定了车辆主要性能指标,直接影响车辆动力性和经济性。

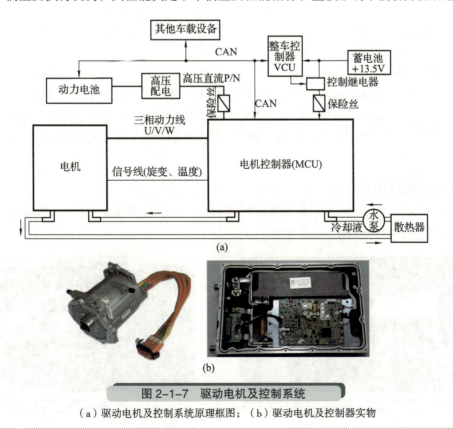

图 2-1-7 驱动电机及控制系统

(a)驱动电机及控制系统原理框图;(b)驱动电机及控制器实物

驱动电机及控制系统通过高低压线束、冷却管路与整车其他系统进行连接。电机控制器接收整车控制器指令,实时调整驱动电机的输出,以实现整车怠速、加减速、能量回收及倒车等工作状态。电机控制器还能够实时进行电机状态和故障检测,以保护驱动电机系统和整车安全可靠运行。电机及控制器采用水冷方式,由电动水泵实现冷却液的强制循环,对电机及控制器进行散热。

2)传动系统

北汽 EV160 纯电动汽车的传动系统,主要指其搭载的前置前驱 EF126B02 减速器,结构如图 2-1-8 所示,其主要功能是降低驱动电机转速,提高扭矩,以实现整车的驱动需求。EF126B02 减速器采用左右分箱、两级传动的结构设计,结构紧凑,体积较小;同时采用了前进挡和倒挡共用的结构设计,通过电机反转实现倒挡。

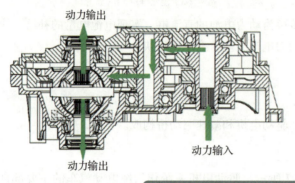

图 2-1-8 EF126B02 减速器结构图

3. 整车控制系统

1)整车控制器

北汽 EV160 纯电动汽车的整车控制器如图 2-1-9 所示。在整车控制系统中,整车控制器配合其他子系统控制器,根据驾驶员意图及车辆工况,来完成车辆运行过程中能量流动的控制,即车辆加速、减速和能量回收等。此外,整车控制器还需要对整车所有电器进行控制,保证车辆的正常运行。

2)电子换挡旋钮

北汽 EV160 纯电动汽车电子换挡旋钮如图 2-1-10 所示。挡位设置有 R(倒车挡)、N(空挡)、D(前进挡)和 E(用于能量回收)。

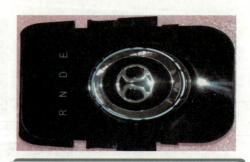

图 2-1-9 整车控制器　　　　图 2-1-10 电子旋钮式换挡系统

4. 高压配电系统

北汽EV160纯电动车高压系统部件及线束如图2-1-11所示。高压系统部件及线束包括动力电池、车载充电机、慢充接口及线束、快充接口及线束、电机控制器、驱动电机、DC-DC转换器、高压控制盒、高压辅件及连接各高压部件的线束。其中，高压控制盒的主要作用是完成动力电池电源的输出及分配，实现对支路用电器的保护及切断。

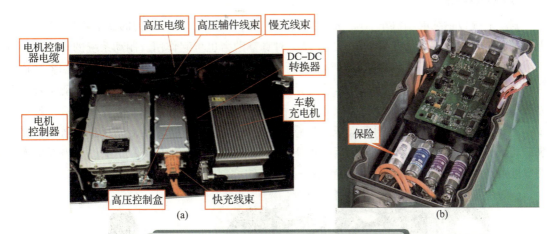

图2-1-11 北汽EV160高压系统部件及线束
（a）北汽EV160高压系统部件及线束；（b）高压控制盒

5. 辅助系统

辅助系统包括DC-DC转换器、低压蓄电池、电动助力转向系统（EPS）、制动系统、空调与暖风系统、组合仪表等。

1）DC-DC转换器及低压蓄电池

DC-DC转换器如图2-1-12所示，其主要作用是将动力电池的高压直流电转换为12V直流电，为整车低压用电系统供电及铅酸电池充电。

2）电动助力转向系统（EPS）

电动助力转向系统（EPS）由扭矩传感器、电子控制单元及助力电机组成，如图2-1-13所示。

图2-1-12 DC-DC转换器

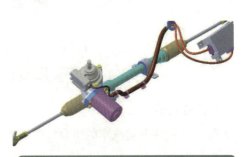

图2-1-13 电动助力转向系统

在电动助力转向系统中，电子控制单元根据各传感器采集的信号计算所需的转向助力，进而控制助力电机的转动，电机输出的动力经过减速增扭后驱动齿轮齿条结构产生相应的转向助力。目前电动助力转向系统按照助力作用位置的不同，可以分为管柱助力式、齿轮助力式和齿条助力式。电动助力转向系统中，12 V 直流电驱动助力电机进行转向助力，根据车速来控制驱动电流大小，从而调节助力的大小，实现车速高时助力小，车速低时助力大的要求。

3）制动系统

制动系统包括纯电动汽车 ABS 系统和制动真空助力系统，真空助力的真空源是 12 V 直流电驱动的真空泵，如图 2-1-14 所示。在停车时真空助力也可起作用。制动系统的作用主要有三个：使行驶中的汽车按照驾驶员的要求进行强制减速甚至停车；使已停止的汽车在各种道路条件下稳定驻车；使下坡行驶的汽车速度保持稳定。北汽 EV160 纯电动汽车的制动系统的助力装置采用电动真空助力系统，当汽车起动后，电子控制系统模块会自动进行自检，若真空罐中的真空度小于设定值，则真空压力传感器输出相应信号至控制器，控制器控制电动真空泵开始工作，当真空度达到设定值后，由相应的控制信号控制真空泵停止工作。当真空罐的真空度由于制动而有所消耗时，同样由电子控制系统控制真空泵的工作。

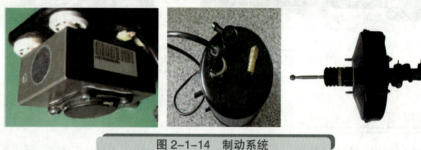

图 2-1-14　制动系统

4）空调与暖风系统

北汽 EV160 纯电动汽车的空调与暖风系统如图 2-1-15 所示。纯电动汽车采用电动压缩机来制冷，采用 PTC 加热器来制热。

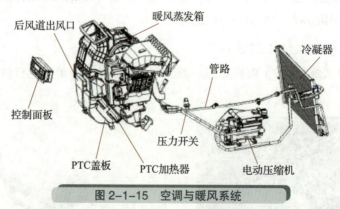

图 2-1-15　空调与暖风系统

5）组合仪表

北汽 EV160 纯电动汽车的组合仪表如图 2-1-16 所示。

图 2-1-16 北汽 EV160 仪表

组合仪表可显示车速、电量等信息，如表 2-1-1 所示。

表 2-1-1 北汽 EV160 仪表指示灯

1	驱动电机功率表	2	前雾灯	3	示廓灯
4	安全气囊指示灯	5	ABS 指示灯	6	后雾灯
7	远光灯	8	跛行指示灯	9	蓄电池故障指示灯
10	电机及控制器过热指示灯	11	动力电池故障指示灯	12	动力电池断开指示灯
13	系统故障灯	14	充电提醒灯	15	EPS 故障指示灯
16	安全带未系指示灯	17	制动故障指示灯	18	防盗指示灯
19	充电线连接指示灯	20	手动制动指示灯	21	门开指示灯
22	车速表	23	左转向指示灯	24	READY 指示灯
25	右转向指示灯	26	REMOTE 指示灯	27	室外温度提示

六、比亚迪 E5 450 纯电动汽车组成结构

1. 高压电控总成

2018 款比亚迪 E5 450 纯电动汽车（5AEB）的高压电控总成采用集成式结构，如图 2-1-17 所示，前机舱内的高压电控总成集成了电机控制器模块、车载充电器模块、DC-DC 转化器模块、高压配电模块以及漏电传感器等，又称"简版四合一"。高压电控总成采用水冷方式冷却，与驱动电机共用冷却系统。

2018 款比亚迪 E5 或 E6 车型拥有 VTOG、VTOV 和 VTOL 功能，即车对电网放电、车对车放电（救援时的车对车充电）和车对负载（外接的用电设备）放电，但是 2018 款比亚迪 E5 的高压电控总成取消了 VTOG 功能，保留了 VTOV 和 VTOL 功能。另外，部分 2018 款 E5 车型也取消了 380 V 交流充电功能，使用了 220 V 7 kW 的车载充电机对车辆动力电池进行充电。以高压电控总成为中心的 2018 款比亚迪 E5 450 高压系统如图 2-1-18 所示。

图 2-1-17　比亚迪 E5 450 高压电控总成

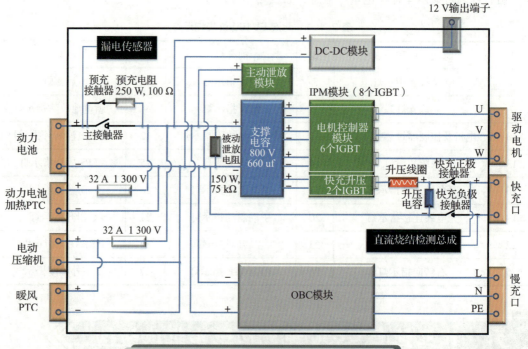

图 2-1-18　2018 款比亚迪 E5 450 高压系统

高压电控总成外部连接的高压部件有动力电池、驱动电机、电动压缩机、暖风 PTC、慢充口、快充口以及预留的动力电池加热 PTC，也连接 DC-DC 转换器的低压输出端子。

2018 款 E5 高压电控总成的主要作用有以下几点。

1）驱动控制（驱动放电及回馈充电）

高压电控总成首先替代整车控制器的功能，采集加速踏板传感器、制动踏板传感器和挡位等信息，解析驾驶员驾驶意图，结合动力电池管理系统 BMS 的信息以及驱动电机的旋变等信

比亚迪 E5 纯电动汽车高压系统认知

号，通过高压电控总成内的电机控制器模块实现 DC-AC 的转换，控制电机正向、反向驱动以及正、反转发电功能；具有高压输出电压和电流控制限制功能，具有电压跌落、过流、过温、IPM 过温、IGBT 过温保护、功率限制和扭矩控制限制等功能；同时具备电控系统防盗、能量回馈控制、主动泄放和被动泄放控制的功能。

智能功率模块 IPM（Intelligent Power Module），把功率开关器件（IGBT）和驱动电路集成在一起，模块内包含有过电压、过电流和过温等故障检测电路，可将检测信号传送到 CPU。

2）充放电控制

高压电控总成通过 220 V 7 kW 的交流充电机实现对动力电池的慢充充电；通过直流快充接触器和升压模块等部件的控制，实现直流快充充电。慢充充电具有预约充电功能。另外，其具有 VTOV 和 VTOL 放电功能。

3）DC-DC 转化器

高压电控总成内的 DC-DC 变换器模块，将动力电池的高压直流电转换为 12 V 直流电，为整车低压用电系统供电及给低压蓄电池充电。

4）高压配电控制

高压电控总成内的高压配电模块完成动力电池电源的输出及分配，实现对支路用电器的保护及切断。

5）漏电检测及主动泄放、被动泄放控制

漏电传感器可检测动力电池正极与车身之间是否存在漏电现象。另外，当车辆下电时，主动泄放模块在 5 s 内将高压电容的电压降到 60 V 以下，释放危险电能；当主动泄放失效时，高压电容内残余的高压电通过放电电阻消耗，被动泄放模块在 2 min 内把高压电容电压降到 60 V 以下，作为主动泄放失效的二重保护。

2. 动力电池及电池管理系统（BMS）

2018 款比亚迪 E5 450 纯电动汽车动力电池安装在车辆底部，如图 2-1-19 所示，动力电池为三元锂电池，额定电压为 DC 604.8 V，额定容量为 100 A·h，动力电池采用水冷方式冷却。

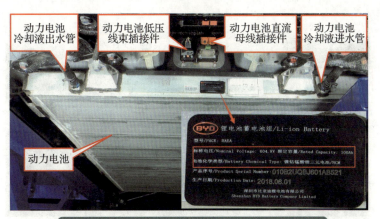

图 2-1-19　2018 款比亚迪 E5 450 动力电池

动力电池上的维修开关在中央置物盒内，维修开关内有一个 250 A 的熔断器，如图 2-1-20 所示。

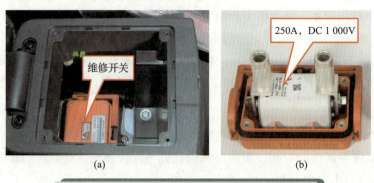

图 2-1-20　2018 款比亚迪 E5 450 维修开关
（a）维修开关；（b）熔断器

动力电池内部结构如图 2-1-21 所示，动力电池内部共有 13 个模组，以串联方式连接，动力电池数据采集盒也在动力电池箱内，但 BMS 不在动力电池箱内，BMS 采用外置式安装在高压电控总成后部，如图 2-1-22 所示。数据采集盒采集动力电池的电压和温度等数据，通过 CAN 总线将信息传递至 BMS。

图 2-1-21　2018 款比亚迪 E5 450 动力电池结构

图 2-1-22　2018 款比亚迪 E5 450 动力电池管理系统 BMS

动力电池冷却水泵位于前机舱底部右侧,如图 2-1-23 所示。

图 2-1-23　2018 款比亚迪 E5 450 动力电池冷却水泵

3. 充电口

2018 款比亚迪 E5 450 纯电动汽车可进行 220 V 交流慢充与高压直流快充,充电口在车头车标处,可通过驾驶室内的充电舱门拉手打开充电舱门,充电口如图 2-1-24 所示。

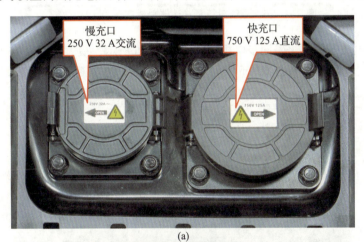

(a)

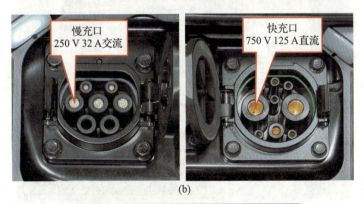

(b)

图 2-1-24　2018 款比亚迪 E5 450 充电口
(a) 充电口 (未打开充电口保护盖); (b) 充电口 (打开充电口保护盖)

4. 驱动电机及减速器

比亚迪 E5 纯电动汽车驱动电机与减速器在前机舱底部，如图 2-1-25 所示，驱动电机产生转矩将动力传递到减速器，动力经过减速器中的一级减速后进入主减速器和差速器，动力再由差速器两个半轴齿轮传递到减速器两侧的三枢轴式伸缩万向节，最后传递至车轮。

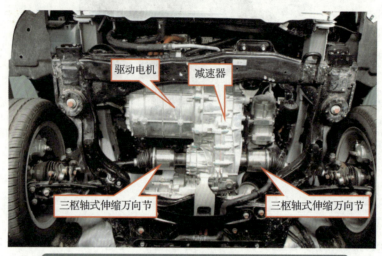

图 2-1-25 驱动电机及减速器总成在车身上的位置

比亚迪 E5 驱动电机为永磁同步电机，如图 2-1-26 所示，最大功率为 160 kW，最大转矩为 310 N·m，工作电压为 650 V，重量为 65 kg。比亚迪 E5 永磁同步电机采用水冷方式，由冷却液温度传感器检测冷却液温度。旋变传感器接头和定子温度传感器接头安装在驱动电机端盖上。

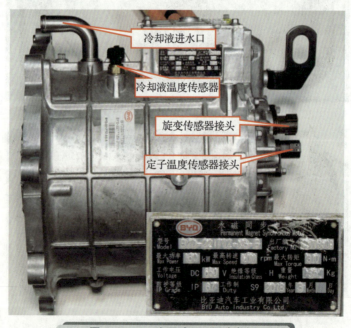

图 2-1-26 比亚迪 E5 驱动电机

电机驱动系统冷却水泵的位置在机舱底部前方，如图 2-1-27 所示。

比亚迪 E5 减速器如图 2-1-28 所示，总减速比为 9.266，一级传动比为 3.217，主减速传动比为 2.880。减速器采用浸油润滑方式，变速器润滑油量为 1.85~1.95 L，润滑油类型为齿轮油 SAE75W-90。

图 2-1-27 电机驱动系统冷却水泵

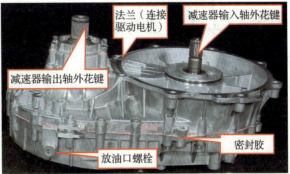

图 2-1-28 比亚迪 E5 减速器

5. 电动压缩机与 PTC 水加热器总成

比亚迪 E5 450 采用涡旋式的电动压缩机，位于前机舱底部，减速器右侧，如图 2-1-29 所示。

比亚迪 E5 450 采用 PTC 水加热总成，如图 2-1-30 所示，PTC 水加热总成用来加热冷却液，PTC 水泵将热的冷却液送入暖风水箱。PTC 水泵位于 PTC 储液罐下部，如图 2-1-31 所示。

图 2-1-29 电动压缩机

图 2-1-30 PTC 水加热器总成

图 2-1-31 PTC 水泵

6. 电动助力转向系统

比亚迪 E5 电动汽车电动助力转向（EPS）系统为齿条助力式电动助力转向结构，电动机与减速机构等布置在齿条处，直接驱动齿条实现助力。电动助力转向系统如图 2-1-32 所示。

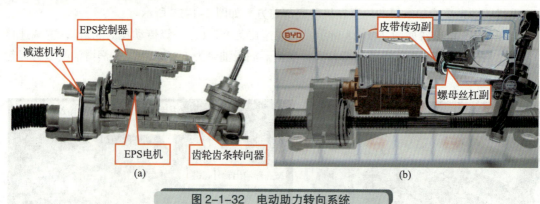

图 2-1-32 电动助力转向系统

（a）电动助力转向系统实物图；（b）电动助力转向系统内部结构示意图

7. 电控制动系统

比亚迪 E5 电动汽车电控制动系统的电动真空泵采用的是德国大陆品牌的电动真空泵，如图 2-1-33 所示，电动真空泵安装在驱动电机的后部，如图 2-1-34 所示。

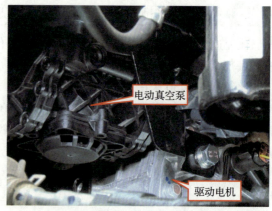

图 2-1-33 大陆电动真空泵　　　　图 2-1-34 电动真空泵安装位置

8. 组合仪表

比亚迪 E5 电动汽车的组合仪表如图 2-1-35 所示，主要由功率表、车速表、信息显示屏、指示灯及警告灯等组成。功率表可显示当前模式下整车的实时功率，默认用 kW 来表示。功率表指针在白色正值区域内，表示当前车辆处于驱动状态；功率表指针在绿色负值区域内，表示当前车辆正在给动力电池充电。

显示屏显示内容主要有电量表、里程信息、挡位指示、室外温度、调节菜单、提示信息和故障信息等，调节方向盘选择按键可显示能量流程图、续驶里程、平均电耗等信息，如图 2-1-36 所示。

按下方向盘上"确定"按钮，可显示调节菜单，可以设置车速提醒、能量回馈强度、充电口电锁工作模式、充电预约和放电模式等，如图 2-1-37 所示。

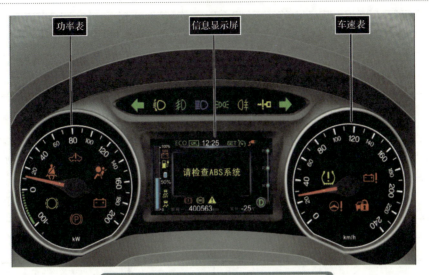

图 2-1-35 比亚迪 E5 组合仪表

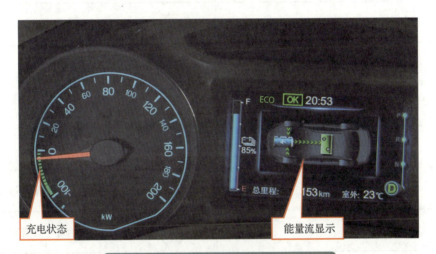

图 2-1-36 能量流显示

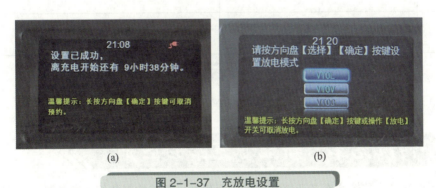

图 2-1-37 充放电设置

（a）充电预约设置；（b）放电设置

组合仪表的指示灯、警告灯如图 2-1-38 所示。

图标	说明	图标	说明
	驻车制动故障警告灯*		ESP OFF 警告灯（装有时）
	驾驶员座椅安全带指示灯*		防盗指示灯
	充电系统警告灯*		主告警指示灯*
	前雾灯指示灯	ECO	ECO 指示灯（装有时）
	后雾灯指示灯		动力电池电量低警告灯
	智能钥匙系统警告灯*		动力电池故障警告灯*
	ABS 故障警告灯*		胎压故障警告灯（装有时）*
	冷却液温度过高警告灯		电子驻车状态指示灯
	ESP 故障警告灯（装有时）*	OK	OK 指示灯
	车门状态指示灯*		动力系统故障警告灯*
	SRS 故障警告灯*		动力电池过热警告灯*
	EPS 故障指示灯		动力电池充电连接指示灯
	小灯指示灯		巡航主指示灯（装有时）
	远光灯指示灯	SET	巡航控制指示灯（装有时）
	转向指示灯		

图 2-1-38　组合仪表指示灯、警告灯

七、传统汽车与新能源汽车的区别

新能源汽车是在传统汽车产业链基础上进行延伸，其结构与传统汽车的最大区别在于动力系统增加了电池、电机和电控系统等组件，如图 2-1-39 所示。下面介绍传统汽车与新能源汽车的主要区别。

任务 1　纯电动汽车组成结构认知

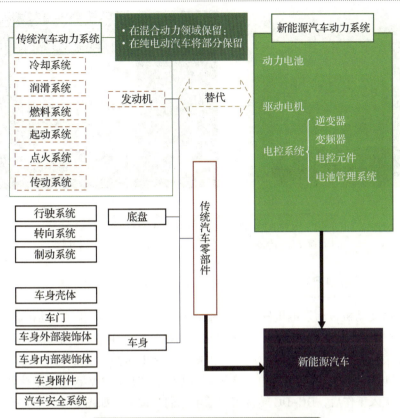

图 2-1-39　传统汽车与新能源汽车的区别

1. 动力与能源不同

传统汽车动力来自发动机，能源来自汽油或柴油；新能源汽车动力来自驱动电机，能源来自动力电池，如图 2-1-40 所示。

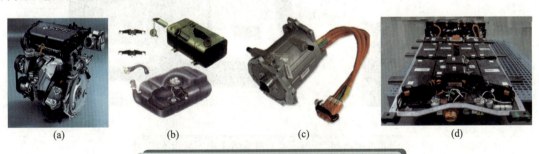

图 2-1-40　传统汽车与新能源汽车的动力与能源

（a）传统汽车发动机；（b）传统汽车汽油箱；（c）新能源汽车驱动电机；（d）新能源汽车动力电池

2. 动力控制与方式不同

传统汽车由动力系统（包括发动机控制单元和自动变速器控制单元等）控制发动机的动力输出及换挡；新能源汽车由整车控制器协调整车控制，并由电机控制器控制驱动电机加减速和能量回收，如图 2-1-41 所示。

53

(a) (b)

图 2-1-41 传统汽车与新能源汽车动力控制方式

（a）传统燃油汽车发动机控制单元；（b）纯电动汽车整车控制器

3. 电压等级不同

传统汽车由发动机带动发电机发电，整流后为 12 V 蓄电池充电。发动机起动前和起动时由 12 V 蓄电池供电，发动机运行后，由发电机和蓄电池同时供电。新能源汽车除了低压 12 V 系统外，还有高压系统。北汽纯电动汽车动力电池额定电压高达 320 V，由 DC-DC 转换器将高压转为 12 V 电压给低压蓄电池充电。高压动力电池关闭后，12 V 蓄电池维持低压系统供电；高压动力电池接入工作后，DC-DC 转换器与蓄电池同时供电。如图 2-1-42 所示。

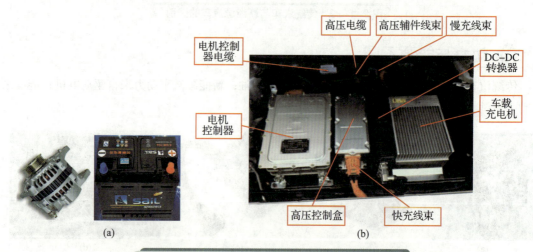

(a) (b)

图 2-1-42 传统汽车与新能源汽车电压等级不同

（a）传统燃油汽车低压 12 V 系统；（b）新能源汽车高压系统

4. 维护维修作业时的防护要求不同

由于新能源汽车有高压系统，在带电作业时必须穿戴高压防护用具，并使用绝缘工具，如图 2-1-43 所示；传统汽车不需要进行绝缘防护。

图 2-1-43 新能源汽车高压防护与绝缘工具

（a）新能源汽车个人高压防护用具；（b）绝缘工具

5. 能源补充方式不同

传统汽车需要加汽油或柴油；新能源汽车需要通过家用 16 A 电源或充电桩（交流充电桩或直流充电桩）对动力电池进行充电，或者给燃料电池补充燃料，如图 2-1-44 所示。

图 2-1-44 传统汽车与新能源汽车能源补充方式

（a）传统汽车加油；（b）新能源汽车充电

6. 辅助系统控制方式不同

1）转向系统

传统汽车多采用液压助力转向（液压助力泵由发动机带动）、电液助力转向或者电动助力转向；新能源汽车采用电动助力转向系统，通过 12 V 直流电驱动助力电机实现转向助力，可以根据车速来控制驱动电流大小，达到车速高时助力小，车速低时助力大的要求，如图 2-1-45 所示。

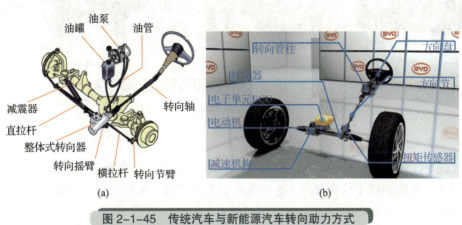

图 2-1-45 传统汽车与新能源汽车转向助力方式

（a）传统液压助力转向；（b）电动助力转向

2)制动系统

传统汽车 ABS 系统和制动真空助力系统中,在发动机运行时,真空助力器利用发动机进气歧管形成的真空与外界大气压力差来辅助驾驶员进行制动,停车后真空助力作用消失。涡轮增压发动机、缸内直喷发动机带真空泵或辅助真空泵。纯电动汽车 ABS 系统和制动真空助力系统中,真空助力的真空源来自 12 V 直流电驱动的真空泵,在停车时真空助力也可起作用,如图 2-1-46 所示。

图 2-1-46　传统汽车与新能源汽车制动系统
(a)取自节气门后方的真空；(b)电动真空泵

3)空调系统

传统汽车由发动机通过皮带驱动压缩机制冷；由散热器散发动机冷却水的热量,并由鼓风机吹到车内制热。新能源汽车空调压缩机为电动压缩机,由高压直流电驱动,带动压缩机制冷；由高压直流电通过 PTC 器件直接产生热量或由 PTC 加热冷却液并送至散热器,由鼓风机吹到车内制热,如图 2-1-47 所示。

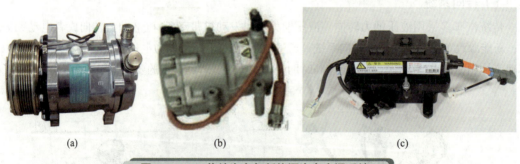

图 2-1-47　传统汽车与新能源汽车空调系统
(a)传统汽车压缩机；(b)电动压缩机；(c)PTC 水加热器

4)仪表显示系统

传统汽车仪表显示车速、里程、发动机转速、机油压力、燃油量、冷却水温、灯光信号和故障信号等。新能源汽车仪表显示车速、里程、电机转速、电池电量、电池电压、灯光信号和故障信号等,如图 2-1-48 所示。

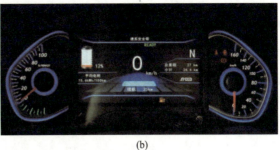

(a) (b)

图 2-1-48 传统汽车与新能源汽车仪表显示

（a）传统汽车仪表；（b）纯电动汽车仪表

7. 维护项目不同

纯电动新能源汽车不需要进行机油、机滤、汽滤、火花塞等的更换，只进行冷却液、制动液等的更换，如图 2-1-49 所示。

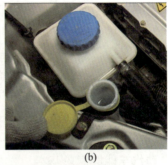

(a) (b)

图 2-1-49 传统汽车与新能源汽车维护项目不同

（a）传统汽车火花塞更换；（b）纯电动汽车冷却液检查

8. 对环境影响和噪声大小不同

传统汽车依赖不可再生的汽油或柴油，尾气对环境污染大，噪声和振动大；新能源汽车使用电能或氢燃料，零排放，对环境几乎无污染，而且新能源汽车噪声小、振动小，如图 2-1-50 所示。

(a) (b)

图 2-1-50 传统汽车与新能源汽车对环境影响

（a）传统汽车尾气污染环境；（b）新能源汽车零排放

拓展阅读

增程式电动汽车组成结构

1. 增程式电动汽车定义

增程式电动车（Extended Range Electric Vehicle，EREV）是指整车在纯电动模式下可以达到其所有的动力性能，而当车载可充电电池无法满足续驶里程要求时，打开车载辅助发电装置为动力系统提供电能，以延长续驶里程的电动汽车。

2. 增程式电动汽车的工作原理

增程式电动车在本质上属于纯电动车，当蓄电池有足够电量时，增程式电动汽车驱动系统的动力全部来源于蓄电池，在一定的行驶距离范围内，增程式电动汽车的行驶完全依靠蓄电池提供的动力来完成，实现零油耗和零排放，相当于使用纯电动汽车。而在超出一定行驶距离且蓄电池的能量耗尽的情况下，内燃机就自动接通并带动发电机发电，补充车辆行驶所需的电能，进入混合动力模式，延长它的行驶里程，从而使车辆能够到达充电站或加油站。增程式电动汽车的蓄电池和动力推进系统经过精准的设置，可以使车辆在由蓄电池提供足够的电能的时候，不需要发动机进行工作来产生额外的电能。在由蓄电池驱动车辆时，可以保证车辆顺利实现加速、最高时速以及爬坡等各种性能；当由增程器提供动力时，增程式电动汽车能够满足基本的车辆行驶要求。增程式电动汽车系统结构和增程式电动汽车内部能量转换及信号控制分别如图 2-1-51 和图 2-1-52 所示。

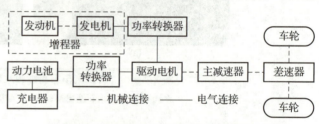

图 2-1-51 增程式电动汽车系统结构

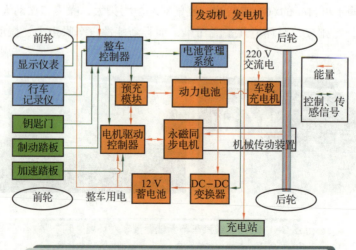

图 2-1-52 增程式电动汽车内部能量转换及信号控制

3. 增程式电动汽车的三种工作模式

增程式电动汽车根据不同运行工况和驾驶员指令，可以灵活变换以下三种工作模式，达到最佳节油效果。

1）纯电动模式

这种模式通过外接插头利用充电桩充电，在动力电池容量范围内车辆可以以纯电动模式行驶，此时增程器不工作，只做非正常情况时的备用状态，达到了零排放，这种模式下的电动汽车完全是一台纯电动汽车。

2）混合动力运行模式

这种模式与传统的混合动力模式相似，正常情况下利用车载动力电池提供的电力行驶，当车辆加速或者爬坡的时候，增程器起动，提供部分辅助电能用以驱动车辆行驶，同时给动力电池充电，并能够回收部分制动能量，此时增程器工作在最佳功率输出状态，节油率为20%~30%。

3）增程运行模式

在这种模式下，夜间利用充电桩为车辆充满电，白天根据行驶里程有计划地使用动力电池的能量，尽量不使用增程器。当动力电池电量降低到最低限定值时，起动增程器开启增程模式，通过增程器为动力电池充电（此时增程器不提供驱动力），以增加车辆的续驶里程，在这个过程中可以回收部分制动能量。这种模式可以显著提高节油率，节油率可达50%以上。

4. 增程式电动汽车的优点

增程式电动汽车作为一种新的节能环保型汽车，得到了国内外汽车企业的高度重视和政府的大力支持，它结合了传统混合动力汽车和纯电动车的特质，具有以下4个优点。

（1）增程式电动汽车相对于传统汽车，其发动机只相当于常规轿车的小型发动机，功率小、噪声低、可靠性高，能够保持在发动机高效区运行，且由于动力系统构型简单，能量转换效率大幅提高，燃油消耗和有害排放也大幅降低。

（2）相对于传统混合动力汽车，增程式电动汽车的电池组容量比较大，车辆可在较长距离内以纯电动模式行驶，能提供足够的电功率使电动机驱动车辆起动、加速和爬坡，避免了常规传统汽车起动时发动机过载的运行模式；另外，电机能够有效回收车辆制动和下坡的能量，有利于延长电池的寿命，因而具有较长的续驶里程。

（3）增程式电动汽车可以通过车载发电机组随时对车辆进行充电，因此其车载动力电池只需配置同级别纯电动车电池用量的30%~40%，其生产及使用成本大幅下降；增程单元和动力电池组共同工作时，动力电池组的充放电倍率大大降低，这样有利于延长电池寿命和使用周期，车辆制造和使用成本也因此得以大幅降低。此外，对于纯电动汽车来说，空调用电是一个很大的负担，有关研究表明：开空调会使行驶里程减少1/3，而增程式电动汽车则可通过发电机组给空调提供动力，降低了电池能耗，车辆续驶里程得以增加。

（4）增程式电动汽车充电所需时间少，因此不仅可以利用小功率充电桩或家庭用电进行充电，还可以利用晚间"谷电"和午间司乘人员的休整间隙充电，免去新充电站或换电站等供电设施的建设，既节约了大量人工成本，也可以帮助电网"分散调峰"，进一步提高能源利用率。此外，与经常使用混合工作模式运行的插电式混合动力汽车不同，对大多数驾驶者来说，增程式纯电动车常常是保持在纯电动驱动的运行模式。在技术方面纯电动汽车对增程式电动汽车有很好的继承性，增程式电动汽车可以随着电池技术的不断提高，自然地过渡到纯电动汽车。由此可见，增程式电动汽车在能源利用率、价格、使用方便性和性能可靠度等方面均具有明显优势，被公认为是向纯电动汽车平稳过渡的理想车型。

实践技能

比亚迪 E5 450 纯电动汽车组成结构认知

下面以比亚迪 E5 450 纯电动汽车为例，进行纯电动汽车组成结构的认知。

1. 车辆准备

准备比亚迪 E5 450 纯电动车 1 辆，如图 2-1-53 所示。比亚迪 E5 450 纯电动车等速续驶里程为 480 km，由动力电池为汽车提供动力。

2. 实践操作

1）找到高压电控总成

打开前机舱盖，找到高压电控总成，拆掉前盖板，如图 2-1-54 所示，认知高压电控总成及外部高压线束。

图 2-1-53 比亚迪 E5 450 纯电动车

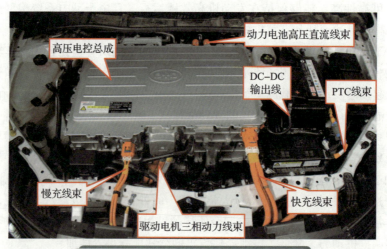

图 2-1-54 高压电控总成及外部高压线束

2）找到动力电池、BMS、动力电池冷却液储液罐及水泵

动力电池安装在车辆底部，如图 2-1-55 所示，举升车辆，认知动力电池及铭牌。此动力电池为三元锂电池，额定电压为 DC 604.8 V，额定容量为 100 Ah，采用水冷方式冷却。

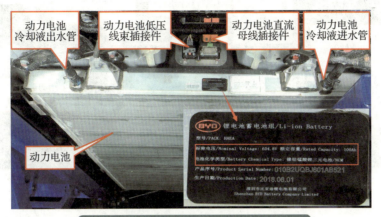

图 2-1-55　动力电池及铭牌

认知动力电池冷却水泵，该水泵位于机舱底部右侧，如图 2-1-56 所示。

图 2-1-56　动力电池冷却水泵

动力电池上的维修开关在中央置物盒内，降下车辆，打开中央置物盒，拆掉中央置物盒盖后可以看到维修开关，如图 2-1-57 所示。

(a)

(b)

图 2-1-57　维修开关

（a）拆下中央置物盒盖；（b）维修开关

比亚迪 E5 450 电池管理器 BMS 为外置式，安装在高压电控总成后部，如图 2-1-58 所示。认知电池管理器 BMS 及前机舱内的三个冷却液储液罐。

图 2-1-58　电池管理系统 BMS 及冷却液储液罐

3）找到充电口及便携式充电盒

220 V 交流慢充与高压直流快充的充电口在车头车标处，可通过驾驶室内的充电舱门拉手打开充电舱门，如图 2-1-59 所示，认知充电口规格及结构：慢充口为交流电 250 V、32 A，快充口为直流电 750 V、125 A。

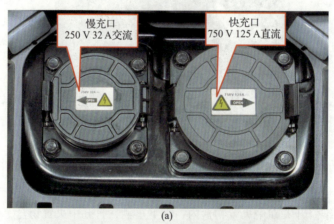

(a)

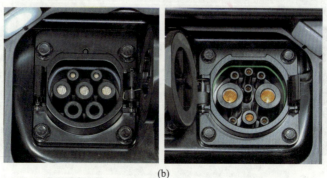

(b)

图 2-1-59　2018 款比亚迪 E5 450 充电口

（a）充电口（未打开充电口保护盖）；（b）充电口（打开充电口保护盖）

打开后备厢,取出便携式充电盒,如图 2-1-60 所示,认知家用充电枪规格及结构,规格为交流电 250 V、16 A。

4)找到驱动电机、减速器和驱动电机冷却水泵

驱动电机与减速器在前机舱底部,举升车辆,其结构如图 2-1-61 所示,认知驱动电机、减速器安装位置及动力传递路线。驱动电机产生转矩将动力传递到减速器,动力经过减速器中的一级减速后进入主减速器和差速器,再由差速器两个半轴齿轮传递到减速器两侧的三枢轴式伸缩万向节,最后传递至车轮。

电机驱动系统冷却水泵位于机舱底部前方,如图 2-1-62 所示。

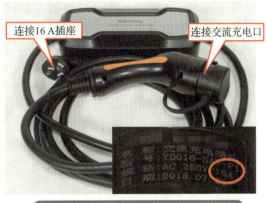

图 2-1-60 便携式充电盒

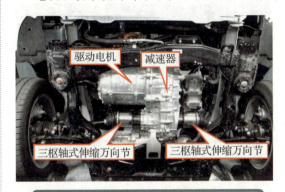

图 2-1-61 驱动电机及减速器安装位置

图 2-1-62 电机驱动系统冷却水泵

5)找到电动压缩机、电动助力转向器、电动真空泵及 PTC 水加热器总成

电动压缩机位于前机舱底部、减速器右侧,如图 2-1-63 所示。

电动助力转向器如图 2-1-64 所示。

图 2-1-63 电动压缩机

图 2-1-64 电动助力转向器

电动真空泵安装在驱动电机的后部,如图 2-1-65 所示。

降下车辆，PTC 水加热总成如图 2-1-66 所示。PTC 水加热总成用来加热冷却液，PTC 水泵将热的冷却液送入暖风水箱。PTC 水泵位于 PTC 储液罐下部。

6）找到组合仪表

进入车内认知组合仪表，踩下制动踏板，按下电源开关，车辆上电，仪表显示"OK"，如图 2-1-67 所示，分别认知功率表、车速表、信息显示屏、指示灯及警告灯等。

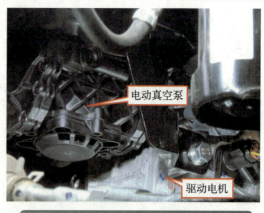

图 2-1-65 电动真空泵安装位置

图 2-1-66 PTC 水加热器总成

图 2-1-67 比亚迪 E5 组合仪表

学习小结 →

（1）纯电动汽车（Battery Electric Vehicle，BEV），是指以车载电源为动力，用电动机驱动车轮行驶，符合道路交通和安全法规各项要求的车辆。

（2）纯电动汽车的结构主要由电力驱动控制系统、汽车底盘、车身以及各种辅助装置等部分组成。

（3）比亚迪 E5 450 高压电控总成集成了电机控制器模块、车载充电器模块、DC-DC 变换器模块、高压配电模块以及漏电传感器等，又称"简版四合一"。

（4）辅助系统包括 DC-DC 直流转换器、电动助力转向系统（EPS）、电动真空制动系统和电动空调系统等。

思考题 →

1. 纯电动汽车有哪些优缺点？
2. 纯电动汽车高压部件有哪些？
3. 纯电动汽车与传统燃油汽车有哪些区别？
4. 有哪些原因可能导致纯电动汽车续驶里程缩短？

纯电动汽车驾驶操作与体验

任务导入

小王是某4S店的销售顾问,客户张先生对一款比亚迪E5纯电动汽车特别感兴趣,想申请试乘试驾。假如你是小王,你能安全规范地带领张先生进行车辆操作与试乘试驾吗?

学习目标

1. 能通过查阅用户手册等方式获取车辆信息。
2. 能说出试乘试驾时的注意事项。
3. 能正确识别纯电动汽车各个操作按钮或开关的位置,并能说出其功能。
4. 能说出对纯电动汽车试乘试驾的评价项目。

理论知识

重要提示: 根据相关法律规定,驾驶机动车,应当依法取得机动车驾驶证。不得无证驾驶。

一、试驾须知

试驾是4S店举办的一种直观的促销活动,吸引有购车需求的客户群体来体验这款车型的性能和实用性。但是对于新手或者有很长时间没有驾驶过汽车的人员来说,最好不要轻易去尝试试驾活动。试驾时要注意以下事项:

(1)选择专供试驾用的车辆试驾的时候,最好选择已经投保车险的专供试驾用的车辆。因为有些试驾车是待销售的车辆,并没有上保险,一旦出了事故,就需要消费者承担责任。

(2)试驾前签署内容具体、权责分明的试驾协议,如车辆发生损伤,是否按修复该车的实际费用赔偿,如果赔偿额高于实际费用可拒签。

(3)按照经销商规定的线路,谨慎驾驶。虽然很多试驾都规划了场地,路况相对较好,但是试驾时不能因此而放松警惕。

（4）不熟练者不宜试驾，新手和有驾照却很少碰车的老手，都不适合参加试驾。因为这类试驾人员驾驶技术不熟练，在驾驶的时候比较紧张，再加上心情激动，很容易出问题，且在试驾过程中感受不到汽车的性能效果。

二、比亚迪 E5 450 车辆正确使用

以比亚迪 E5 450 纯电动汽车为例，介绍纯电动车辆的正确使用。

1. 安全须知

（1）比亚迪 E5 450 车辆系统使用大于 600 V 的高压直流电。车辆起动前后及车辆断电时，系统会产生大量热量，请注意高压和高温。

（2）请勿拆解、移动或更改高压电池部件及连接线，因为连接器可引发严重烧伤或触电，并有可能导致人员伤亡。橙色连接线为高压线束。用户不可对车辆高压系统进行自行维修，如果有任何维修需要，建议到比亚迪汽车授权服务店进行维修。

（3）体内携带有电子医疗设备的人员，电动车的遥控钥匙和整车高压组件有可能会对其造成影响和伤害。

（4）满足以下条件，紧急关闭系统将被激活，高压系统将自动关闭。

①前方碰撞后安全气囊没有打开；

②某些后方碰撞；

③某些车辆系统故障。

若发生以上碰撞及某些车辆系统故障，驾驶就绪指示灯（"OK"指示灯）将会关闭。由以上几种碰撞激活紧急关闭系统，可以最大限度地降低引发伤害或者意外事件的风险。一旦紧急关闭系统被激活，车辆系统将不能转换到驾驶就绪的状态，建议联系比亚迪汽车授权服务店。即使电源开关切换到驾驶就绪的状态，系统也会立即关闭。因此，建议谨慎驾驶到最近的比亚迪汽车授权服务店，或尽快联系比亚迪汽车授权服务店。

（5）如果车辆起火，请根据实际状况按照以下方法继续对车辆进行操作。

①将车辆退电至"OFF"挡；

②就近寻找干粉灭火器；

③如果车辆起火，火势较小较慢，请使用干粉灭火器进行火火，并立即拨打求救电话；

④如果现场火势较大，发展较快，请立即远离车辆等待救援。

2. 比亚迪 E5 450 纯电动汽车驾驶操作的主要部件操作介绍

1）车辆解锁和闭锁

比亚迪 E5 纯电动车配备电子智能钥匙，携带电子智能钥匙按左右前门微动开关（外把手上黑色按钮），可以解锁/闭锁所有车门，按车后微动开关（后备厢亮饰条上的黑色按钮），可以打开后备厢盖，还可通过遥控钥匙上按键进行车门解锁/闭锁、后备箱开启及寻车等功能，如图 2-2-1 所示。

2）前排座椅调节

比亚迪 E5 驾驶员座椅如图 2-2-2 所示。驾驶员座椅可实现前后调节、高度调节及靠背角度调节。通过调节，可使不同身材的驾驶员找到合适的座椅位置。

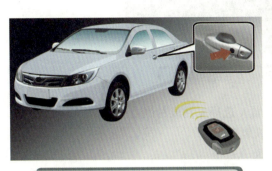

图 2-2-1　遥控解锁/闭锁车门

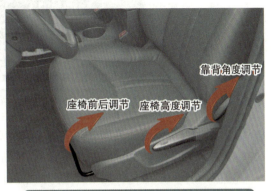

图 2-2-2　比亚迪 E5 驾驶员座椅调节

3）安全带

在紧急制动、突然转向和碰撞事故中，正确使用安全带能大大减少车内乘员的伤亡。比亚迪 E5 安全带及卡扣如图 2-2-3 所示。车辆行驶前，应确保车中所有乘员均已正确系好安全带。

4）方向盘调节

方向盘角度可调节至不同驾驶员所需的驾驶位置。当车辆静止，要改变转向盘的角度时，可握住转向盘，将转向管柱调节手柄向下按，将转向盘倾斜至需要的角度，然后将手柄恢复至原位，如图 2-2-4 所示。

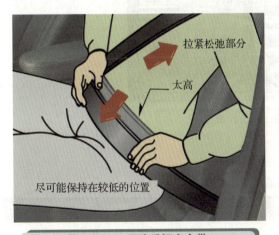

图 2-2-3　正确系好安全带

图 2-2-4　比亚迪 E5 方向盘调节

5）外后视镜调节

比亚迪 E5 外后视镜为电动后视镜，由后视镜调节开关控制，后视镜调节开关位于驾驶员中控台左侧，如图 2-2-5 所示。将电动外后视镜调节至刚好可以在后视镜中看到车辆的侧边。调节过程如下：

图 2-2-5　比亚迪 E5 电动后视镜调节

（1）将后视镜调节开关调至"L"或"R"位置（选择左侧或右侧后视镜）。

（2）按动向上、向下、向左或向右调节外后视镜玻璃。

（3）当调节完成后，将调节开关调回中间位置。

6）仪表板说明

比亚迪 E5 仪表板如图 2-2-6 所示，主要有多功能方向盘、灯光控制及调节开关、雨刮器控制开关、空调控制开关及音响控制开关等。

图 2-2-6　比亚迪 E5 仪表板

仪表板功能说明如表 2-2-1 所示。

表 2-2-1　仪表板功能说明

序号	名称	序号	名称
1	手动防眩内后视镜	9	充电口舱门开关
2	多功能信息显示屏	10	换挡操纵机构
3	多功能方向盘	11	点烟器和烟灰盒
4	组合仪表	12	空调面板
5	3# 开关组：背光调节开关、ODO/TRIP 开关、ECO 开关	13	紧急告警灯开关

续表

序号	名称	序号	名称
6	2# 开关组：前大灯调节开关、电动外后视镜开关	14	侧通风口
7	票据盒	15	右置物箱
8	前舱盖开关	16	音响系统

7）组合仪表

比亚迪 E5 组合仪表与传统汽车仪表所显示的信息有所不同，仪表外形如图 2-1-35 所示，主要显示功率表、车速表、剩余电量和警告灯等。

8）换挡手柄

比亚迪 E5 采用电子换挡操纵机构，换挡手柄如图 2-2-7 所示。"P"挡是驻车挡，按下此按钮，可实现驻车。按下"P"挡按钮时，为避免损坏变速器，必须在车辆完全停止后再按下"P"挡按钮。起动车辆时，车辆驾驶就绪指示灯（"OK"指示灯）亮起，踩下制动踏板，即可从"P"挡位切换至其他挡位。无论出于什么原因，只要下车，就必须切换至驻车挡。"R"挡是倒车挡，必须在车辆完全停止后方可使用；"N"挡是空挡，当需要暂时停车时使用；"D"挡是行车挡，正常行驶时使用此挡位；换挡成功后，手松开，换挡杆自动回到中间位置。

图 2-2-7 比亚迪 E5 换挡操纵机构

3. 驾驶操作

1）驾驶前的准备工作

（1）进入车内之前，需检查一下车辆四周的情况；
（2）调节座椅位置、座椅靠背角度、头部保护装置的高度和转向盘的角度；
（3）调节车辆内侧和外侧的后视镜；
（4）关上所有的车门；
（5）系好安全带。

2）起动车辆

携带有效智能钥匙，踩住制动踏板，如图 2-2-8 所示，按下起动按钮，检查驾驶就绪指示灯（"OK"指示灯）亮起，检查电池电量和计程表上的预估行程。

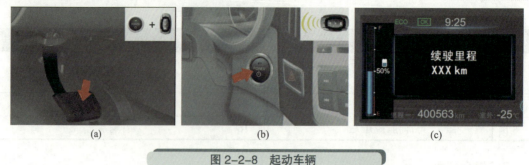

图 2-2-8 起动车辆

（a）踩住制动踏板；（b）按下起动按钮；（c）OK 指示灯亮起

3）选择前进挡"D"

踩住制动踏板，将换挡杆挂入"D"挡。松开后换挡杆会回到原来的中央位置，确认显示在仪表上的"D"挡信息，如图 2-2-9 所示。松开制动踏板，踩下加速踏板，开始驾驶。

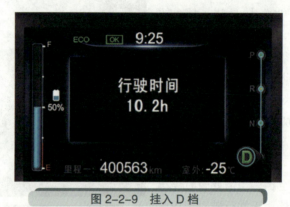

图 2-2-9 挂入 D 档

注意：当车在"D"挡或者"R"（倒退）挡并且安全带收紧时，踩下油门踏板后，电子手刹会自动松开。也可以手动释放电子手刹。

4）选择倒挡"R"

在选择倒挡前，请确保车辆处于静止状态。然后踩下制动踏板，将换挡杆挂入"R"挡。松开制动踏板，踩下加速踏板，开始驾驶。

5）停车

停车时，按下换挡杆上的"P"挡按键同时踩住制动踏板。通过电子驻车状态指示灯，确认电子驻车处于"已启动"状态，然后松开制动踏板，按下电源挡位处于"OFF"位置。

6）能量回馈强度设置

通过多功能方向盘调节组合仪中信息显示屏上的设置功能，可以进行能量回馈强度设置。能量回馈强度设置有"标准"和"较大"两种模式选择，如图 2-2-10 所示。"标准"模式可提升驾驶舒适性；"较大"模式可回收更多能量，默认为"标准"模式。

任务2　纯电动汽车驾驶操作与体验

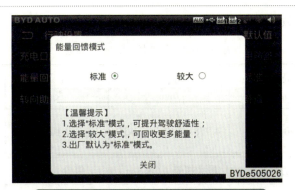

图 2-2-10　能量回馈强度设置

三、驾乘体验评价

通过对纯电动汽车的驾驶操作及体验，驾乘人员可根据试乘试驾评价表对该款纯电动汽车进行整体评价，包括车辆外观、驾乘的舒适性、操作性、安全性、动力性、经济性以及车内感受等，试乘试驾评价表详见本单元任务工单。

拓展阅读

部分纯电动汽车介绍

1. 特斯拉公司（Tesla Inc.）

特斯拉公司是美国一家产销电动车的公司，由马丁·艾伯哈德（Martin Eberhard）于2003年7月1日成立，总部设在美国加州的硅谷地带。特斯拉汽车公司以电气工程师和物理学家尼古拉·特斯拉命名，专门生产纯电动车，生产的几大车型包含 Tesla Roadster、Tesla Model S、Tesla Model X 等。2017年2月1日，特斯拉汽车公司（Tesla Motors Inc.）正式宣布将该公司的注册名称中含有"汽车"意义的"Motors"一词去掉，改成 Tesla Inc.。

特斯拉于2014年4月正式进入中国，主要销售车型为 Model S，如图 2-2-11 所示，该车采用了7104节18650型锂电池，续航里程高达502 km。

图 2-2-11　特斯拉 Model S

Model S 的主要参数如表 2-2-2 所示。

表 2-2-2　特斯拉 Model S 参数

续航里程 /km	最高时速 /(km·h^{-1})	外形尺寸 /mm	整车质量 /kg	充电时间
390~502	190~210	4 978×1 964×1 435	2 108	慢充 7~10 小时/快充 45 分钟 80%
电池类型	最大功率/kW	最大扭矩/(N·m)	售价/万元	国内上市时间
锂离子电池	222~310	440~600	64.80~85.25	2014 年 5 月

2019 年 1 月 7 日，特斯拉官方与上海市政府官方发布新闻：特斯拉超级工厂在上海临港即日起正式开工建设。特斯拉上海工厂第一期将于 2019 年底开始量产 Model 3 车型，工厂将在 2020 年逐步提升产能，一期年生产规模预计为 25 万辆纯电动整车，包含 Model 3 以及即将发布的 Model Y。超级工厂全部建成后，年产能将达到 50 万辆纯电动整车。

2. 大众 E-Golf

大众于 2015 年推出了 E-Golf 车型，2016 年推出改款车型，2018 款新车在 2018 年 3 月正式进入市场，大众 E-Golf 外形如图 2-2-12 所示，最大续航里程 255km。

大众 E-Golf

图 2-2-12　大众 E-Golf

大众 E-Golf 的具体参数如表 2-2-3 所示。

表 2-2-3　大众 E-Golf 参数

续航里程 /km	最高时速 /(km·h^{-1})	外形尺寸 /mm	整车质量 /kg	充电时间
255	150	4 270×1 799×1 482	1 573	220 V，5 小时；快充 0.66 小时电量 80%
电池类型	最大功率 /kW	最大扭矩/(N·m)	售价/万元	容量/kWh
三元锂电池	100	290	24.08	35.8

3. 比亚迪

比亚迪创立于1995年，2003年收购西安秦川汽车有限责任公司（现"比亚迪汽车有限公司"），正式进入汽车制造与销售领域，开始民族自主品牌汽车的发展征程。发展至今，比亚迪已建成西安、北京、深圳、上海、长沙和青岛六大汽车产业基地，在整车制造、模具研发和车型开发等方面都达到了国际领先水平，产业格局日渐完善并已迅速成长为中国最具创新的新锐品牌。汽车产品包括各种高、中和低端系列燃油轿车，以及汽车模具、汽车零部件、双模电动汽车及纯电动汽车等。代表车型包括F3、F3R、F6、F0、G3、G3R、L3/G6和速锐等传统高品质燃油汽车，S8运动型硬顶敞篷跑车、高端SUV车型S6和MPV车型M6，以及领先全球的F3DM、F6DM双模电动汽车和纯电动汽车E6等。

比亚迪E6是比亚迪进军纯电动市场的第一款作品，如图2-2-13所示，2009年比亚迪汽车就开始在各种场合展出比亚迪E6纯电动车。在经过几年的研发之后，最终在2011年比亚迪正式推出了这款车型，售价为36.98万，它搭载了比亚迪自主研发的磷酸铁锂电池。

比亚迪E6

图 2-2-13　比亚迪E6

比亚迪E6的主要参数如表2-2-4所示。

表 2-2-4　比亚迪E6参数

续航里程 /km	最高时速 /(km·h^{-1})	外形尺寸 /mm	整车质量 /kg	充电时间
300	140	4 560×1 822×1 645	2 380	快充6小时/慢充24小时
电池类型	最大功率 /kW	最大扭矩/(N·m)	售价/万元	国内上市时间
磷酸铁锂电池	90	450	30.98~33.00	2011年10月

4. 北汽新能源EV系列

北京新能源汽车股份有限公司（以下简称北汽新能源公司）直属于北汽集团。北汽新能源公司现有的新能源产品有EV160、EV200、ES210及威旺等。2014年北汽新能源乘用车销量获得了快速增长。2015年初，北汽新能源公司发布了"卫蓝计划2.0"战略计划，其中提到，2020年力争实现整车销售20万辆以上，北汽新能源汽车降低碳排放20%以上，成为"国内领先、国际一流"的新能源汽车领导品牌。

北汽EV160纯电动车如图2-2-14所示，该车采用高性能的磷酸铁锂电池、高效节能的永磁同步电机及北汽自主研发的高可靠性整车控制器，纯电力驱动，最高时速达125km/h，最大续航里程为 160 km。

北汽EV160

图 2-2-14　北汽 EV160

北汽 EV160 的具体参数如表 2-2-5 所示。

表 2-2-5　北汽 EV160 参数

功率（额定/峰值）/kW	扭矩（额定/峰值）/(N·m)	最高车速/(km·h^{-1})	0~50km/h 加速时间/s	最大爬坡度/%
30/53	102/180	125	4.7	≥ 25
电池类型	电量/kWh	电池品牌	工况续航里程（NEDC）	等速续航里程/(60km·h^{-1})
磷酸铁锂电池	25.6	ATL 普莱德	160	200

实践技能

比亚迪 E5 450 纯电动汽车驾驶操作与体验

1. 车辆准备

准备比亚迪 E5 450 纯电动汽车一辆。

2. 驾驶操作与体验

1）准备工作

按下遥控解锁键解锁车门，打开车门进入车内，将方向盘和座椅调到合适位置，系好安全带，如图 2-2-15 所示。

2）起动车辆

踩下制动踏板，按下起动按钮，观察仪表，车辆首先进入自检，如果各系统正常，则自检完成后，故障指示灯和警告灯自动熄灭。"OK"灯点亮，表示车辆已为驾驶动作准备就绪，如图 2-2-16 所示。

图 2-2-15　驾驶前准备

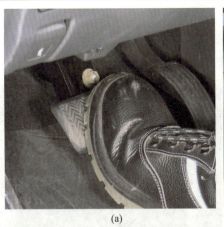

(a)　　　　　　　　　　　　(b)

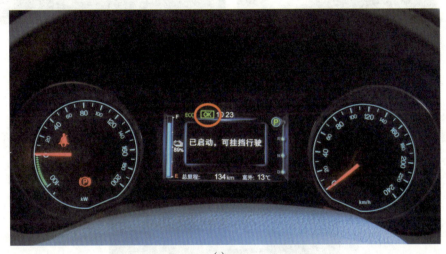

(c)

图 2-2-16　起动车辆

（a）踩下制动踏板；（b）按下起动按钮；（c）仪表"OK"灯点亮

3）调整后视镜

将后视镜调到合适位置，如图 2-2-17 所示。

图 2-2-17　调整后视镜

4）前进挡驾驶操作及体验

踩住制动踏板，将挡位换至"D"挡，观察信息显示屏上的挡位指示器，挡位由"P"挡切换至"D"挡，电子驻车自动解除，如图2-2-18所示。

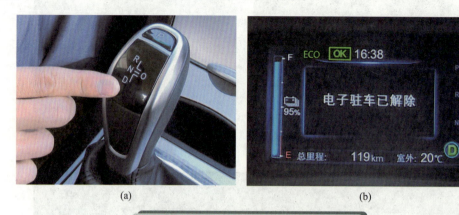

图 2-2-18　换挡杆挂入"D"挡
（a）换挡杆挂入"D"挡；（b）挡位指示器显示

逐渐松开制动踏板，轻踩加速踏板，车辆缓慢加速向前行驶。观察仪表的能量监视器，能量监视器显示动力电池正在给驱动电机供电驱动车辆行驶。快速踩下加速踏板，感受车辆加速性能，车辆提速迅猛，功率表显示车辆当前输出功率增加，如图2-2-19所示。

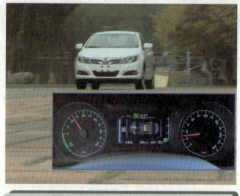

图 2-2-19　车辆加速体验

松开加速踏板，能量监视器显示当前车辆正在给动力电池充电，如图2-2-20所示。

图 2-2-20　车辆减速

5)能量回馈强度设置及体验

踩下制动踏板至车辆停止,通过多功能方向盘按键调节信息显示屏菜单,选择"个性化"打开能量回馈强度设置,如图 2-2-21 所示,当前能量回馈强度为"标准",将能量回馈强度设置为"较大"。

图 2-2-21 能量回馈强度设置

(a)在"个性化"里选择能量回馈强度设置;(b)选择"较大"

设置成功后,松开制动踏板,踩下加速踏板至一定车速后松开加速踏板,车辆减速较快,功率表在绿色区域负值范围,能量监视器显示当前车辆正在给动力电池充电。

6)倒挡驾驶操作及体验

踩下制动踏板停稳车辆,将挡位换至"R"挡,松开制动踏板,缓踩加速踏板,车辆向后行驶,能量监视器显示动力电池正在给驱动电机供电驱动车辆行驶,如图 2-2-22 所示。

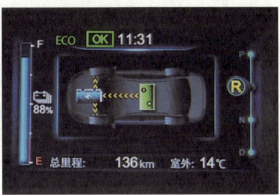

图 2-2-22 倒挡驾驶操作及体验

(a)选择"R"挡;(b)动力电池供电能量流

7）停车操作

按下"P"挡按钮，挡位由"R"挡换至"P"挡，电子驻车系统自动启动，如图2-2-23所示。

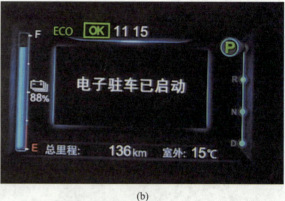

图 2-2-23 停车操作

（a）按下"P"挡按钮；（b）电子驻车自动启动

3. 驾乘评价

试驾结束后，完成试乘试驾体验评价表。

学习小结 →

（1）试驾时要选择已经投保车险的专供试驾用的车辆，按照经销商规定的线路，谨慎驾驶。

（2）作为被动安全装置之一，在发生碰撞时，安全带与安全气囊一起发挥作用，才能最大限度地保护驾乘人员安全，因此驾乘车辆一定要系好安全带。

（3）驾乘人员可根据试乘试驾评价表对纯电动汽车进行整体评价，包括车辆外观、驾乘的舒适性、操作性、安全性、动力性、经济性以及车内感受等。

学习小结 →

1. 纯电动汽车在使用过程中有哪些注意事项？
2. 如果纯电动汽车起火，应如何处理？
3. 试乘试驾时有哪些注意事项？
4. 你能否说出几款纯电动汽车的组成和特点？

学习情境 3
混合动力汽车认知

【学习目标】

- 能通过查阅相关维修技术资料、用户手册等方式获取车辆信息；
- 能叙述混合动力汽车的定义及分类；
- 能叙述丰田混合动力系统组成及特点；
- 能认知丰田卡罗拉混合动力汽车结构组成；
- 能叙述比亚迪混合动力系统结构及工作模式；
- 能正确规范地对丰田卡罗拉混合动力汽车进行下电操作；
- 能正确识别丰田卡罗拉混合动力汽车各操作部件的位置，并能说出其功能；
- 能正确叙述丰田卡罗拉混合动力车辆高压安全措施；
- 能正确叙述丰田卡罗拉混合动力汽车试乘试驾的评价项目。

混合动力汽车组成结构认知

任务导入

小王是一汽丰田汽车4S店的服务顾问,客户张先生对丰田卡罗拉混合动力汽车特别感兴趣,想让小王介绍下该款丰田卡罗拉混合动力汽车的结构组成。假如你是小王,你能向张先生介绍丰田卡罗拉混合动力汽车的结构组成吗?

学习目标

1. 能通过查阅相关维修技术资料等方式获取车辆信息;
2. 能叙述混合动力汽车的定义及分类;
3. 能叙述丰田卡罗拉混合动力系统组成及特点;
4. 能认知丰田卡罗拉混合动力汽车结构组成;
5. 能叙述丰田卡罗拉混合动力系统结构及工作模式;
6. 能正确规范地对丰田卡罗拉混合动力汽车进行下电操作。

理论知识

一、混合动力汽车的定义

混合动力汽车是指由两种或两种以上不同类型的动力源联合驱动的车辆,该车辆的行驶动力依据车辆行驶状态由单个动力源单独或多个动力源共同提供。混合动力电动汽车(Hybrid Electrical Vehicle,HEV)是指由两种和两种以上不同类型的动力源作驱动能源,其中至少有一种动力源能提供电能的汽车。

通常所说的混合动力汽车一般是指油电混合动力电动汽车,即燃油(汽油、柴油)和电能的混合,是由电机作为发动机的辅助动力驱动的汽车。油电混合动力系统中的能量转换器为发动机和电机，能量储存系统为油箱和动力电池。本课程讲解的是油电混合动力电动汽车。

混合动力汽车的特点是能够提高燃油经济性和降低排放，主要原因如下：

（1）混合动力汽车只需采用能够满足汽车巡航需要的较小发动机，由电能提供汽车在加速、爬坡时所需的附加动力，因此提高了发动机的负荷率。

（2）其可以控制发动机在高效率、低污染的区域内运行，当发动机的功率不能满足车辆驱动需求时，由电池来补充；当发动机的功率过剩时，剩余功率给电池充电。

（3）因为有了电机、电源系统，所以可以方便地回收汽车在制动、下坡时的能量。

（4）在车辆频繁起停的繁华市区时，可以关闭发动机，由电池单独驱动，从而消除发动机的怠速能耗，并实现零排放。

二、混合动力汽车的分类

混合动力系统有多种分类方式。依据混合方式的不同，混合动力系统可以分为串联、并联和混联三种类型；依据混合度的不同，混合动力系统还可以分为弱混合动力、轻度混合动力、中度混合动力、重度混合动力和插电混合动力等五类动力系统。当然还有其他分类方法，本课程只对上述两种分类方式进行简要说明。

1. 按混合方式分类

根据混合动力驱动的混合方式，混合动力汽车主要分为串联、并联和混联等三类。

1）串联式混合动力汽车（Series Hybrid Electric Vehicle，SHEV）

如图3-1-1所示，串联式混合动力系统由发动机、发电机、电机控制器、电动机和动力电池组成。发动机带动发电机发电，所产生的电能通过电机控制器提供给电动机，再由电动机将电能转化为动能后驱动车辆。动力电池在发电机产生的电能和电动机需要的电能之间进行调节，从而保证车辆在各种行驶工况下的功率需求。串联式混合动力系统的特点通过电方式实现动力耦合，其中电机控制器也是动力耦合器。该系统中有两个电源，即动力电池和发电机，这两个电源通过电机控制器串联在回路中，动力的流向为串联，所以称为串联式混合动力系统。

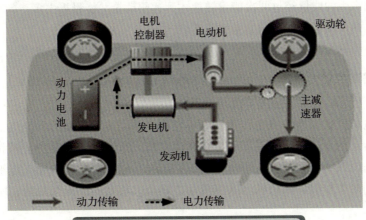

串联式混合动力系统

图3-1-1 串联式混合动力系统

串联式混合动力系统主要应用于城市公交车,节油率可以达到20%左右。该系统可以实现以下工作模式:

(1)纯电驱动模式:发动机关闭,车辆驱动能量完全来自动力电池,该模式主要用于车辆低速行驶和倒车工况。

(2)纯发动机驱动模式:车辆驱动能量来自发动机,经发电机、电机控制器和电动机进行能量转换后驱动车辆,动力电池既不提供能量也不接受能量,该模式主要用于车辆中速和高速行驶工况。

(3)混合驱动模式:车辆驱动能量同时来自发动机和动力电池,发电机发出的电能和动力电池提供的电能由电机控制器实现耦合,共同输送给电动机,该模式主要用于车辆加速和爬坡行驶工况。

(4)发动机驱动和电池充电模式:来自发动机的机械能经过发电机转化成电能,由电机控制器分配能量,其中一部分输送给电动机用于驱动车辆,另一部分给动力电池充电,该模式主要用于车辆低负荷行驶且电池SOC(State of Charge,荷电状态)较低的工况。

(5)回馈制动模式:发动机关闭,电动机以发电形式工作,把来自车轮的动能转化为电能,通过电机控制器给动力电池充电,该模式主要用于车辆制动和下坡工况。

(6)电池充电模式:电动机不接受能量,由发电机把来自发动机的机械能转化为电能,通过电机控制器给动力电池充电,该模式主要用于车辆静止且电池SOC较低的工况。

串联方式的优点:

(1)发动机和驱动轮之间没有机械连接,因此发动机可以工作在其速度-扭矩图的任何点上。通过车辆的驱动功率需求,可以控制发动机总是工作在最低油耗区;在这个区域内,发动机的效率和排放可以通过特殊设计和控制技术得以进一步提高。

(2)由于电动机的速度扭矩特性非常适合汽车牵引需求,驱动系统可以不再需要多挡位的变速器,使得驱动系统结构得以简化;另外,如果在两个驱动轮上各使用一个电机,就可以去掉机械差速器,实现两个车轮间的解耦;还可以实现四个车轮各使用一个电机,这样每个车轮的速度和扭矩就可以实现独立控制,从而可以提高车辆的机动性。

(3)相比其他的布置方式,由于发动机和驱动轮之间实现了完全的机械解耦,动力总成的控制策略简单。

串联方式的缺点:

(1)发动机产生的能量经过两次能量转换才到达驱动轮,能量损失多,效率低。

(2)发电机的使用增大了车辆质量和成本。

(3)由于电动机是驱动车辆的动力源,为满足车辆的加速和爬坡性能要求,其尺寸较大。

2)并联式混合动力汽车(Parallel Hybrid Electric Vehicle,PHEV)

如图3-1-2所示,并联式混合动力系统由发动机、变速器、电机、电机控制器和动力电池组成,其中电机既作为电动机也作为发电机使用。并联式混合动力系统汽车有两个独立的驱动系统,即传统的发动机驱动系统和电机驱动系统。车辆驱动力由发动机和电机同时或单独供给,也就是说两个动力系统既可以同时协调工作,也可以各自单独工作来驱动汽车。当两个动力系统同时工作时,以机械方式实现动力耦合,动力的流向为并联,所以称为并联式混合动力系统。

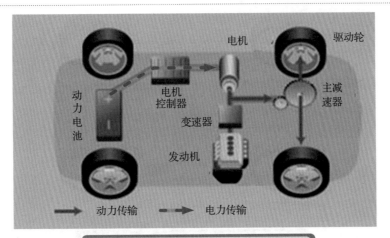

图 3-1-2 并联式混合动力系统

并联式混合动力系统应用较多,在各种车型上都有应用,其中在节油率方面 BSG(Belt-driven Starter/Generator 皮带传动启动/发电一体化电机)技术可以达到 5%、ISG(Intergrated Starter/Generator 集成启动/发电一体化电机)技术为 15%、并联公交车为 25%~30%。在串联方式中提到的各种工作模式在并联结构中都可以实现。

并联方式的优点:

(1)发动机的动力可以直接用来驱动车辆,没有能量转换,能量损失小。

(2)一个电机既可以作为电动机也可以作为发电机使用,且可以采用较小功率的电机,成本低。

并联方式的缺点:

(1)发动机和驱动轮之间还是机械连接,因此发动机的工作点不可能总是处于最佳区域,发动机效率得不到充分发挥。

(2)需要搭载变速器,且适合搭载自动变速器。

(3)混合度较低,不便于向插电式混合动力过渡。

3)混联式混合动力汽车(Series-Parallel Hybrid Electric Vehicle,SPHEV)

如图 3-1-3 所示,混联式混合动力系统由发动机、动力分配机构、发电机、电机控制器、电机和动力电池组成。发动机的动力经过动力分配器后分成两部分,其中一部分直接驱动车辆,形成机械传输通道,另一部分带动发电机发电,所产生的电能通过电机控制器提供给电机来驱动车辆,形成电力传输通道。通过调整发电机转速,可以控制机械传输通道和电力传输通道的动力分配比例。这个系统具有双重特征:一是电力传输通道和动力电池之间以电方式实现动力耦合,动力的流向为串联;二是机械传输通道和电机之间以机械方式实现动力耦合,动力的流向为并联,所以称为混联式混合动力系统。

混联式混合动力系统吸收了串联式和并联式的优点,使两者的优势都能够得到发挥,其应用前景较好,在 NEDC(新标欧洲循环测试)循环工况下,节油率可达 40% 以上。

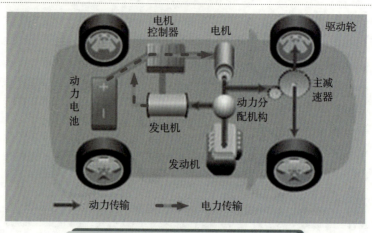

图 3-1-3　混联式混合动力系统

2. 按混合度分类

在混合动力系统中，根据电机的输出功率在整个系统输出功率中所占比重，可以分为以下五类：弱混合动力（也称微混合动力）、轻度混合动力、中度混合动力、重度混合动力（也称全混合动力或强混合动力）和插电混合动力（Plug-in Hybrid）。混合度不同，功能要求也有差别，如表 3-1-1 所示。混合度是指电系统功率 P_{elec} 占动力源总功率 P_{total} 的百分比，即

$$H = \frac{P_{elec}}{P_{total}} \times 100\% \qquad (3-1-1)$$

表 3-1-1　不同混合度类型及功能列表

类型	功能要求
微混	发动机自动启停
轻混	发动机自动启停 + 回馈制动
中混	发动机自动启停 + 回馈制动 + 电动辅助
全混	发动机自动启停 + 回馈制动 + 电动辅助 + 纯电驱动
Plug-in	发动机自动启停 + 回馈制动 + 电动辅助 + 纯电驱动 + 电网充电

1）微混合动力系统

这种混合动力系统对传统发动机的起动机进行了改造，形成皮带传动启动/发电一体化电机（Belt-driven Starter/Generator，BSG）。该电机用来控制发动机快速启停，因此可以取消发动机的怠速过程，降低了油耗和排放。微混系统搭载的电机功率比较小，仅靠电机无法使车辆起步，起步过程仍需要发动机介入，是一种初级的混合动力系统。在微混动力系统里，电机的电压通常有两种：12 V 和 42 V，其中 42 V 主要用于柴油混合动力系统。在城市循环工况下节油率一般在 5%~10%。

2）轻混合动力系统

该混合动力系统采用了集成起动电机（Integrated Starter Generator，ISG）。与微混合动力

系统相比，轻混合动力系统除了能够实现用电机控制发动机的启停外，还能够在车辆制动和下坡工况下，实现对部分能量进行回收；在行驶过程中，发动机的动力可以在车轮的驱动需求和发电机发电需求之间进行调节。轻混合动力系统的混合度一般在20%以下，代表车型是通用汽车公司的混合动力皮卡车。

3）中混合动力系统

该混合动力系统同样采用了ISG系统。与轻度混合动力系统的不同之处在于中混合动力系统采用的是高压电机，在汽车加速或者大负荷工况时，电动机能够辅助发动机驱动车辆，补充发动机本身动力输出的不足，提高整车性能。这种系统的混合程度较高，可以达到30%左右，在城市循环工况下节油率可以达到20%~30%，目前技术比较成熟，应用广泛。本田旗下的Insight、Accord和Civic混合动力车都采用了这类系统。

4）重度混合动力系统

重度混合动力系统采用了272~650V的高压电机，混合度可以达到50%以上，在城市循环工况下节油率可以达到30%~50%。其特点是动力系统以发动机为基础动力，动力电池为辅助动力。采用的电动机功率更为强大，完全可以满足车辆在起步和低速时的动力要求。因此，重度混合车型无论是在起步还是低速行驶状态下都不需要起动发动机，电动机就可以完全胜任，在低速时就像一款纯电动汽车。在急加速和爬坡运行工况下车辆需要较大的驱动力时，电动机和发动机同时对车辆提供动力。随着电动机、电池技术的进步，重度混合动力系统逐渐成为混合动力技术的主要发展方向。

5）插电式混合动力系统

插电式混合动力汽车（Plug-in Hybrid Electric Vehicle，PHEV）是可以利用电网对动力电池充电的混合动力汽车，可以使用纯电模式驱动车辆行驶，且纯电动行驶里程较长；电能不足时，车辆仍然能够以重度混合模式行驶。一般插电式混合动力轿车都有车载充电机，可以使用家用电源为电池充电，而插电式混合动力公交车由于行驶路线固定，通常利用外接充电机充电。插电式混合动力系统的电动机功率比纯电动汽车用的电动机稍小，动力电池的容量介于重混系统和纯电动车辆之间。由于具有利用夜间用电低谷对动力电池充电和降低排放等优势，插电式混合动力汽车已成为主流发展方向之一。

三、丰田混合动力系统及车型介绍

1. 丰田混合动力系统

丰田混合动力系统（Toyota Hybird System，THS）是由汽油发动机和电动机组成，THS的核心是用行星齿轮组组成的动力耦合器，用于协调发动机和电动机的运动和动力传递。丰田混合动力系统首先应用在丰田普锐斯混合动力汽车上，并大批量生产销售。现在国内的丰田卡罗拉和雷凌混合动力汽车采用了丰田第二代混合动力系统THS-Ⅱ，如图3-1-4所示。THS-Ⅱ主要由发动机、混合驱动桥总成、逆变器总成和HV动力电池组成，采用混联式混合动力系统。

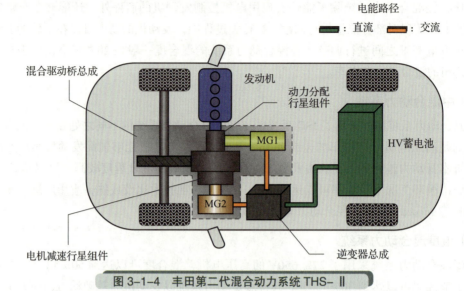

图 3-1-4 丰田第二代混合动力系统 THS-Ⅱ

发动机的动力和电动机的动力在混合驱动桥耦合,发动机与 MG1、MG2 协调工作,实现车辆性能的最优控制。THS-Ⅱ控制具有以下特征,如表 3-1-2 所示。

表 3-1-2 THS-Ⅱ控制特征

项目	概要
怠速停止	自动停止发动机的怠速运转(怠速停止)以减少能量损失
EV 行驶(高效行驶控制)	发动机效率低时,可以仅由电动机驱动车辆。此外,发动机效率高时可发电。执行控制以使车辆的总效率达到最高
EV 行驶模式	如果驾驶员操作开关且满足工作条件,车辆即可仅依靠电动机行驶
电动机辅助	加速时,电动机补充发动机动力
再生制动(能量再生)	减速期间和踩下制动踏板时,收集以热量形式损失的部分能量并作为电能重新使用,如用作电动机动力

2. 丰田卡罗拉混合动力汽车介绍

丰田卡罗拉混合动力汽车采用丰田第二代混合动力系统,使用 2 种动力源(发动机和 HV 动力电池)的组合,以利用各动力源提供的优势并弥补各自的劣势。与插电式混合动力车辆不同,该混合动力车辆无须使用外部设备对其蓄电池充电。丰田卡罗拉混合动力汽车整体结构如图 3-1-5 所示,其高压部件主要有 HV 动力电池、带转换器的逆变器总成、P410 混合驱动桥、电动空调压缩机及高压线束等。

下面对丰田卡罗拉混合动力系统的主要组成部件进行介绍。

混合动力卡罗拉汽车认知

任务 1　混合动力汽车组成结构认知

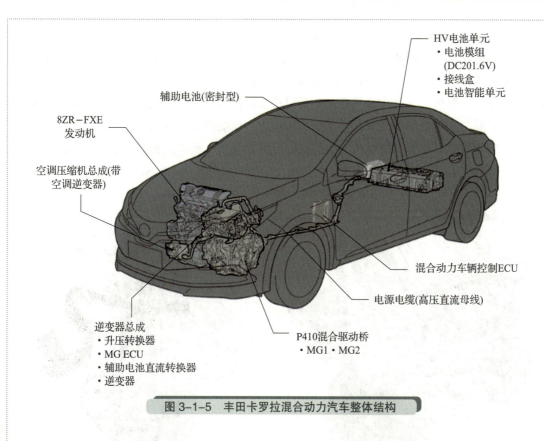

图 3-1-5　丰田卡罗拉混合动力汽车整体结构

1）阿特金森（Atkinson）循环发动机

丰田卡罗拉汽车采用 8ZR-FXE 发动机，该发动机是一款直列 4 缸、1.8 升、16 气门的双顶置凸轮轴发动机，最大输出功率为 73 kW，最大输出扭矩 142 N·m。该发动机采用电动水泵，提高了暖机性能并减少了冷却损失，8ZR-FXE 发动机冷却系统如图 3-1-6 所示。

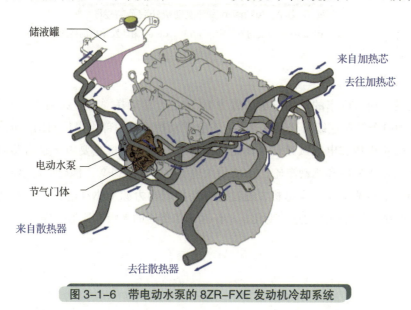

图 3-1-6　带电动水泵的 8ZR-FXE 发动机冷却系统

发动机工作循环为具有高膨胀比的 Atkinson 循环，从而提高了发动机效率。Atkinson 循环发动机是在传统奥托（OTTO）循环发动机的基础上多了一个回流过程，包括进气、回流、压缩、膨胀和排气 5 个过程。在 Atkinson 循环中，将进气门开启的时间延长到压缩行程开始之后，使气缸中一部分混合气在活塞开始上升时被压回到进气管中，也就是延迟了实际压缩行程开始的时间，其结果是在没有提高实际的压缩比的情况下，却提高了膨胀比，提高了发动机的能量转换效率。另外，进气门晚关使实际压缩比降低，所以缸内燃烧温度降低，有利于改善 NO_x 排放。丰田 Atkinson 循环发动机外观及剖视图如图 3-1-7 所示。

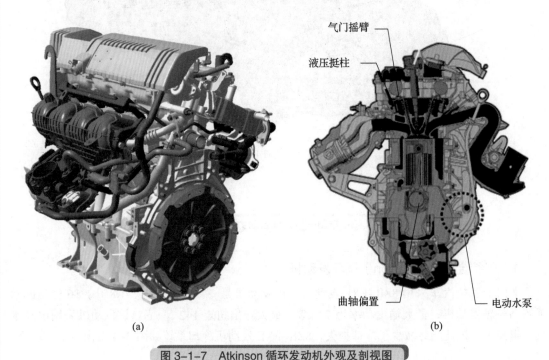

图 3-1-7　Atkinson 循环发动机外观及剖视图
（a）Atkinson 循环发动机外观；（b）Atkinson 循环发动机剖视图

2）P410 混合驱动桥

卡罗拉混合动力汽车的动力分配装置为 P410 混合驱动桥总成，如图 3-1-8 所示，P410 混合驱动桥为电子控制连续可变型变速器，混合驱动桥总成内部由电机 MG1、电机 MG2、动力分配行星齿轮机构和电机减速行星齿轮机构组成，MG1 电机主要用于起动发动机和发电，MG2 电机主要用于发电和驱动车轮，MG2 最大输出功率为 53 kW。混合驱动桥将发动机和电动机的力矩分配给驱动轮或发电机，通过选择性控制动力源（驱动电机、发动机和发电机）的转速，模拟变速器传挡比的连续变化，工作起来像普通的无级变速器一样。

任务1 混合动力汽车组成结构认知

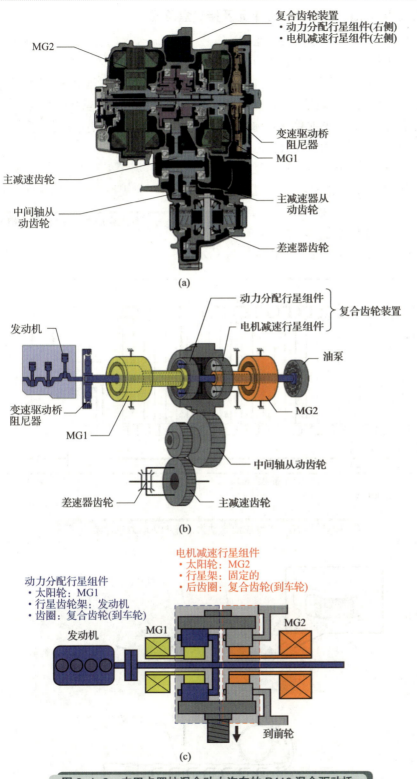

图 3-1-8 丰田卡罗拉混合动力汽车的 P410 混合驱动桥

（a）P410 混合驱动桥剖视图；（b）P410 混合驱动桥结构示意图；（c）P410 混合驱动桥原理示意图

3）HV 动力电池、蓄电池智能单元及接线盒总成

HV 动力电池位于后备箱内后排座位下，如图 3-1-9 所示。HV 动力电池为镍氢电池，由 28 个单独的蓄电池模块组成，每个蓄电池模块均由 6 个电池单体组成，共 168 个电池单体，每个电池单体公称电压为 1.2 V，因此，HV 动力电池公称电压为 201.6 V，如图 3-1-10 所示。在重复的充放电过程中，HV 动力电池会产生热量，为了保证 HV 动力电池良好的工作性能，专门为 HV 动力电池提供了一套冷却系统，该 HV 动力电池采用风冷系统，如图 3-1-11 所示。

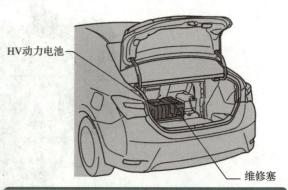

图 3-1-9　卡罗拉混合动力汽车 HV 动力电池安装位置

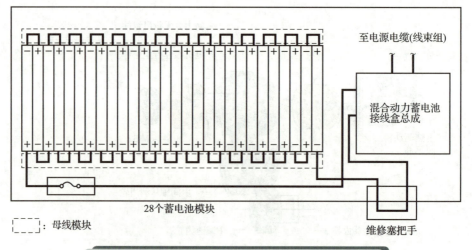

图 3-1-10　卡罗拉混合动力汽车 HV 动力电池结构

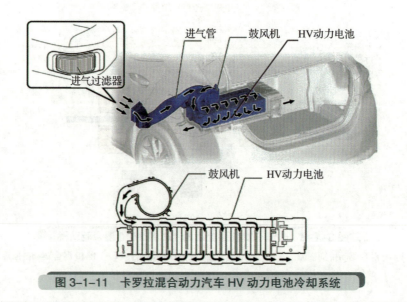

图 3-1-11　卡罗拉混合动力汽车 HV 动力电池冷却系统

蓄电池智能单元，即 HV 动力电池的电池管理系统，如图 3-1-12 所示。蓄电池智能单元的主要作用：监视 HV 动力电池的状态（如电压、电流和温度）并将该信息传输至混合动力车辆控制 ECU 总成；检测执行冷却系统控制所需的鼓风机转速反馈频率，并将其传输至混合动力车辆控制 ECU 总成；蓄电池智能单元内配有泄漏检测电路，以检测 HV 动力电池或高压电路的漏电情况。

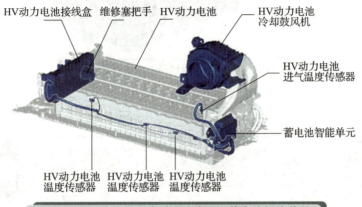

图 3-1-12　卡罗拉混合动力汽车 HV 蓄电池智能单元

HV 动力电池接线盒总成包括系统主继电器（正极继电器 SMRB、负极继电器 SMRG 和预充继电器 SMRP）和预充电阻，如图 3-1-13 所示。并且，HV 动力电池接线盒内置蓄电池电流传感器用于检测 HV 动力电池的放电电流和充电电流，混合动力车辆控制 ECU 根据其信号控制 HV 动力电池的 SOC，使之始终处于规定范围内。

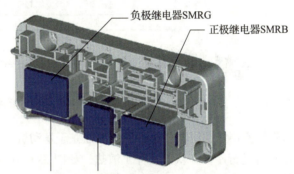

图 3-1-13　卡罗拉混合动力系统 HV 动力电池接线盒总成

4）逆变器总成

卡罗拉混合动力系统采用与 MG ECU、逆变器、升压转换器和 DC-DC 转换器集成于一体的紧凑、轻量化的带转换器的逆变器总成。逆变器和升压转换器主要由智能动力模块（IPM）、电抗器和电容器组成。IPM 为集成动力模块，包括信号处理器、保护功能处理器和绝缘珊双极晶体管（IGBT）。逆变器总成外观如图 3-1-14 所示，上层为升压转换器/逆变器，最下层为 DC-DC 转换器。

带转换器的逆变器总成内的升压转换器将 HV 动力电池的 201.6 V 直流电升高至 650 V 送给逆变器，逆变器将 650 V 高压直流电转为三相交流电驱动电机工作，或者逆变器将电机发出的三相交流电转为 650 V 直流电送给升压转换器，升压转换器将 650 V 高压直流电降压至 201.6 V 给 HV 动力电池充电。DC-DC 转换器将 HV 动力电池的 201.6 V 直流电转换为直流 14 V，给辅助蓄电池充电。MG ECU 与混合动力车辆 ECU 等控制单元通信，控制升压转换器、逆变器以及电机 MG1 和 MG2 的工作，如图 3-1-15 所示。

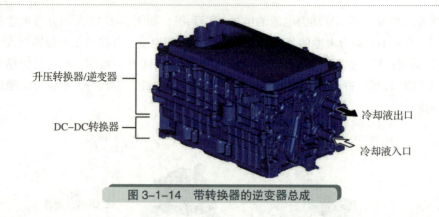

图 3-1-14 带转换器的逆变器总成

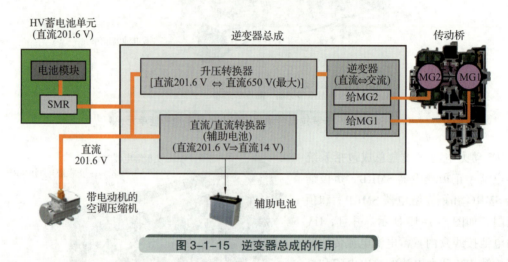

图 3-1-15 逆变器总成的作用

带转换器的逆变器总成,采用了独立于发动机冷却系统的水冷型冷却系统,对逆变器和混合驱动桥进行冷却,从而确保了散热,如图 3-1-16 所示。逆变器还配备了互锁开关作为安全防护措施,在拆下逆变器端子盖或连接器盖总成,或断开 HV 动力电池电源电缆连接器时,此开关通过混合动力车辆控制 ECU 总成断开系统主继电器。

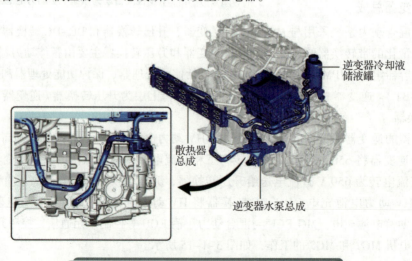

图 3-1-16 逆变器及混合驱动桥的冷却系统

5）混合动力车辆控制 ECU

混合动力车辆控制 ECU 总成对混合动力系统进行综合控制。它接收来自各种传感器和 ECU（发动机控制单元 ECU、MG ECU、蓄电池智能单元和防滑控制 ECU）的信息，并据此计算所需扭矩及输出功率。混合动力车辆控制 ECU 总成将计算结果传输至发动机控制单元 ECU、MG ECU 和防滑控制 ECU。混合动力车辆控制 ECU 控制功能框图如图 3-1-17 所示。比如，混合动力车辆控制 ECU 根据换挡杆位置传感器、加速踏板踩下的角度和车速计算目标原动力。混合动力车辆控制 ECU 总成根据目标原动力计算发动机原动力和 MG2 输出的动力，并将信号分别传输给发动机控制单元 ECU 和 MG ECU。混合动力车辆控制 ECU 通过将 MG1、MG2 和发动机进行最佳组合，执行控制以产生目标原动力。同时，混合动力车辆控制 ECU 总成还监视 HV 动力电池的 SOC、控制 DC-DC 转换器、控制逆变器水泵总成、控制 HV 动力电池冷却鼓风机总成。

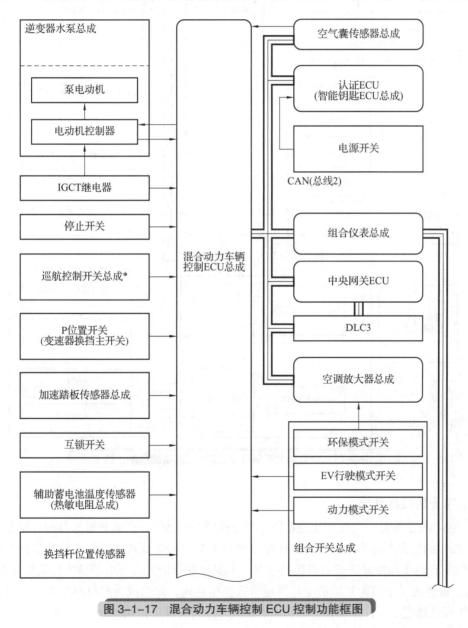

图 3-1-17 混合动力车辆控制 ECU 控制功能框图

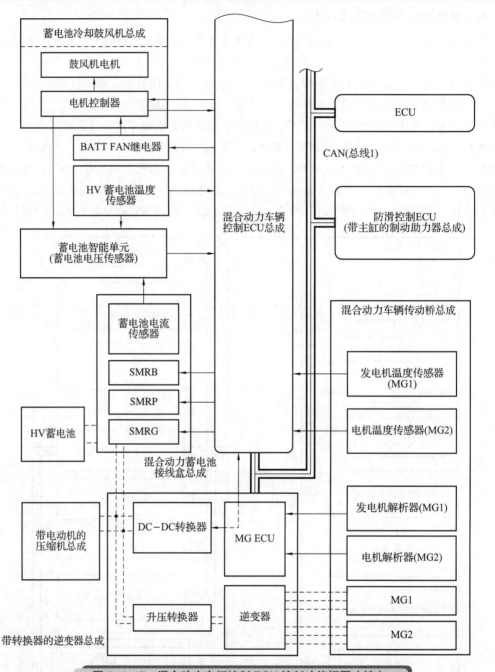

图 3-1-17 混合动力车辆控制 ECU 控制功能框图（续）

6）电子换挡杆系统

电子换挡杆系统是一个使用线控换挡技术的换挡控制系统，此系统根据各种传感器、开关和 ECU 提供的信息判断车辆状态，并根据驾驶员的变速器地板式换挡总成和 P 位置开关（变速器换挡主开关）操作激活适当的换挡控制。卡罗拉混合动力汽车电子换挡杆系统如图 3-1-18 所示，该系统采用结构紧凑的变速器地板式换挡总成，此总成为瞬时换挡型，换挡后驾驶员的手松开换挡把手时，换挡杆会返回原始位置，用指尖就可以换挡。

任务 1　混合动力汽车组成结构认知

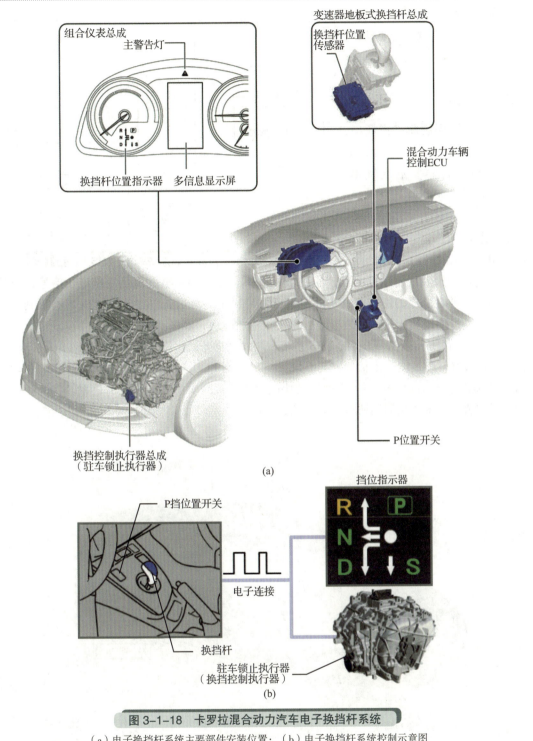

图 3-1-18　卡罗拉混合动力汽车电子换挡杆系统
（a）电子换挡杆系统主要部件安装位置；（b）电子换挡杆系统控制示意图

变速器地板式换挡总成中的换挡杆位置传感器检测换挡杆位置（R、N、D 或 S）并发送信号至混合动力车辆控制 ECU 总成。混合动力车辆控制 ECU 总成控制发动机转速、MG1 和 MG2，以产生最佳传动比。在 S 挡模式下，也可以操作转向柱上的换挡拨片进行换挡。操作驾驶员按下 P 位置开关时，混合动力控制 ECU 控制混合驱动桥总成内的换挡控制执行器总成以机械锁止驻车挡齿轮，控制系统框图如图 3-1-19 所示。

7）电子控制制动系统

卡罗拉混合动力汽车的制动系统与常规制动系统不同，它不再使用常规的制动助力器部分，而是由液压制动助力器、制动执行器和制动助力器泵组成，如图 3-1-20 所示。

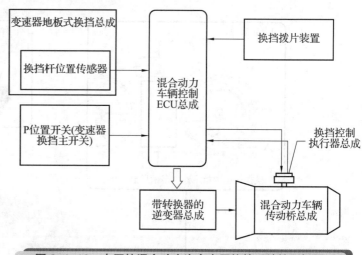

图 3-1-19　卡罗拉混合动力汽车电子换挡系统控制框图

正常制动期间，液压制动助力器产生的液压并不直接驱动轮缸，而是用作液压信号，通过调节制动助力器泵总成的液压获得实际控制压力，从而驱动轮缸。防滑控制 ECU 检测到系统有故障时，通过使用液压制动助力器增压的液压施加制动，确保制动力。

该制动系统配备了带 EBD 的 ABS 系统、制动辅助系统、牵引力控制系统 TRC、车辆稳定控制系统 VSC+ 和上坡起步辅助控制系统，防滑控制 ECU 与混合动力车辆控制 ECU 和动力转向控制 ECU 实时通信，采用了再生制动协同控制，提高再生制动系统的效率，将车辆制动时的能量回收，构成再生制动协调控制系统，如图 3-1-21 所示。

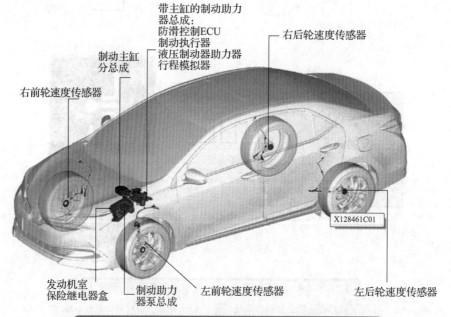

图 3-1-20　卡罗拉混合动力汽车电子控制制动系统组成

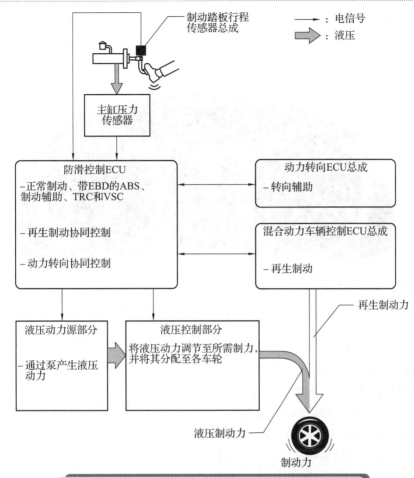

图 3-1-21　卡罗拉混合动力汽车再生制动协调控制系统

8）电动压缩机

传统空调系统的压缩机由发动机通过传动带驱动，而卡罗拉混合动力汽车的空调压缩机由电动机驱动，卡罗拉电动空调系统部分部件位置如图 3-1-22 所示。

9）组合仪表

卡罗拉混合动力汽车组合仪表如图 3-1-23 所示，组合仪表内置 ECU 和蜂鸣器，主要由混合动力系统指示仪、换挡位置指示器、多信息显示屏、车速表、燃油存量表、READY 指示灯和主警告灯等组成。其中，READY 指示灯

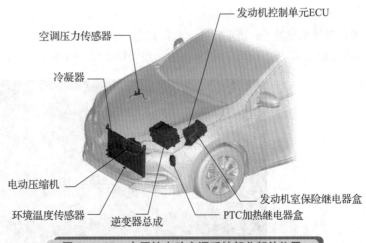

图 3-1-22　卡罗拉电动空调系统部分部件位置

点亮，表示车辆已准备就绪，可以驾驶。当混合动力控制系统出现故障时，主警告灯点亮。正常情况下，打开电源开关，车辆自检完成后，主警告灯应自动熄灭。

图 3-1-23　卡罗拉混合动力汽车组合仪表

混合动力系统指示仪显示混合动力系统的输出功率，混合动力系统的输出功率是 HV 动力电池和发动机输出功率的总和。混合动力系统指示仪的表盘分为 3 个区域，分别是充电区域、经济区域（分为混合动力经济区域和经济区域）和动力区域，如图 3-1-24 所示。指针在充电区域时，表示车辆正在能量回收；指针在经济区域时，指示车辆正在以经济方式行驶；指针在混合动力经济区域时，表示车辆仅以提高电动机工作频率的方式行驶；指针在动力区域时，表示车辆在以动力方式行驶。

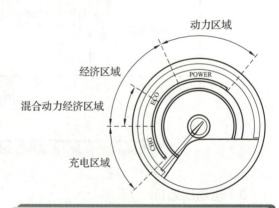

图 3-1-24　组合仪表上的混合动力系统指示仪

组合仪表上的多信息显示屏，可以显示行车信息，信息主要有瞬间油耗、续航里程、平均车速、能量监视器等；还可以显示故障信息；也可以进入设定菜单完成相应设置。能量监视器显示界面如图 3-1-25 所示，当前界面显示发动机工作，既驱动车辆行驶，又给 HV 动力电池充电。

图 3-1-25　多信息显示屏上的能量监视器界面

10）驾驶模式选择

卡罗拉混合动力汽车有三种驾驶模式可以选择，分别是纯电动驱动 EV 模式、经济 ECO 模式和动力 PWR 模式，如图 3-1-26 所示。

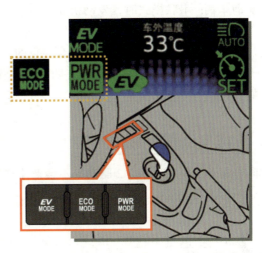

图 3-1-26　卡罗拉混合动力汽车驾驶模式选择

按下纯电动驱动模式选择按钮，如果满足规定条件，则系统进入 EV 纯电驱动模式，组合仪表多信息显示屏上显示 EV 模式；按下经济模式选择按钮，系统进入经济模式，混合动力车辆控制 ECU 降低对加速踏板操作的反应以支持经济型驱动，同时组合仪表多信息显示屏上显示当前模式为 ECO 模式；按下动力模式选择按钮，系统进入动力模式，混合动力车辆 ECU 优化控制驱动转矩，获得与驾驶员加速踏板操作相匹配的运动感，同时组合仪表多信息显示屏上显示当前模式为 PWR 模式。

四、插电式混合动力系统及车型介绍

插电式混合动力汽车可以利用电网对动力电池进行充电，可以使用纯电模式驱动车辆行驶，且纯电动模式行驶里程较长；电能不足时，车辆仍然可以以重度混合模式行驶。

在国产自主品牌的混合动力车型中，比亚迪的插电式混合动力车型具有代表性。由于丰田发展混合动力汽车很早，开发出了一套采用行星齿轮动力分配机构的混合动力模式。这套模式包含两个电机、一个发动机和一个行星齿轮动力分配机构，而核心是这个行星齿轮动力分配机构，可以巧妙地让三者构成并联——发动机和电机一起驱动车辆，或者串联模式——发动机发电，一个电机充当发电机，另外一个电机充当电动机驱动车辆。而这个动力分配机构是有专利的，所以比亚迪要做混合动力汽车就面临着专利问题，对此比亚迪采取绕过的模式。

比亚迪插电式混合动力汽车 F3DM 的 DM 是指双模（Dual Mode），即纯电动模式和混合动力模式。F3DM 没有动力分配机构，只有简单的几个离合器，两个电机和 1.0 升的发动机在一个轴上，这个轴通过减速器直接驱动车轮，DM Ⅰ 代结构如图 3-1-27 所示。

全功率并联模式时，发动机与两个电机锁定结合，一起驱动车辆；串联模式时，发动机和一个电机锁定组成发电机，另外一个电机和车轮锁定，变成纯电力驱动。这样既可以达到串联、并联结合的目的，也可以绕开丰田的专利。比亚迪 F3DM 有四种工作模式，具体如下。

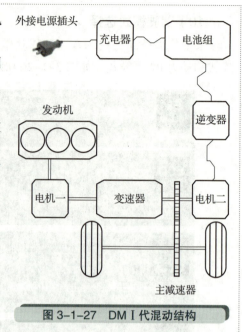

图 3-1-27　DM Ⅰ 代混动结构

1. 纯电动驱动模式

该模式下，仅靠电机 M2 驱动，不会产生燃油消耗，如图 3-1-28 所示。

2. 混合驱动模式

该模式相当于串联工作模式，发动机起动，带动电机 M1 发电，对电池组进行充电，车辆仍由电机 M2 驱动，且仅靠电机 M2 驱动，有适当的燃油消耗，如图 3-1-29 所示。

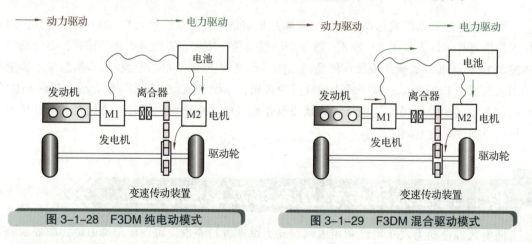

图 3-1-28　F3DM 纯电动模式　　　　图 3-1-29　F3DM 混合驱动模式

3. 加速模式

在需要较高动力输出的加速模式下，发动机起动，离合器吸合，与电机 M2 一起驱动车辆，提供更高的输出功率，如图 3-1-30 所示。

4. 减速模式

该模式下，电机 M2 作为发电机使用，将损耗的动能转化为电能储存在动力电池组中，尤其适用于在需要频繁加、减速的市区行驶，如图 3-1-31 所示。

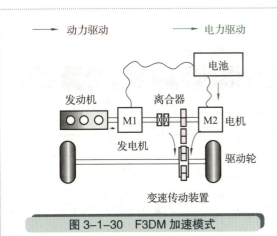
图 3-1-30　F3DM 加速模式

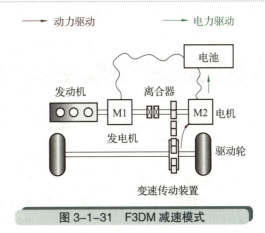
图 3-1-31　F3DM 减速模式

比亚迪秦在 F3DM 的基础上又做了改进：把两个小电机变成一个大电机，没有串联模式，不追求油电模式下的省油，转而追求高性能。在发动机和电机之间，不再是简单的离合器，而是加上了比亚迪自己的双离合变速箱，形成了 DM Ⅱ代混合动力系统。这样就解决了比亚迪 F3DM 发动机噪声大、舒适性差的缺点，同时还有非常好的性能。比亚迪秦 DM Ⅱ代结构如图 3-1-32 所示。

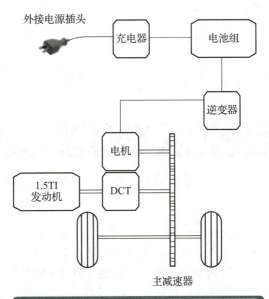
图 3-1-32　比亚迪 DM Ⅱ代混合动力结构

拓展阅读

比亚迪两代双模技术的对比

比亚迪的 DM Ⅱ代混合动力系统是在 DM Ⅰ代技术（搭载于 F3DM）基础上进行了一系列技术优化改进。DM Ⅱ代将系统的电压由原先的 330 V 提升到 500 V，提升电压的作用是减小电流，从而提升电力驱动系统的效率。采用更高效的 1.5TDI 总成、高转速电机、集成式电机控制器、更安全的铁电池技术等实现了更好的经济性与动力性，这套系统首先搭载于比亚迪的秦。DM Ⅱ代动力系统仍采用并联方式，所不同的是 DM Ⅱ代变双电机为单电机，1.5TI 发动机取代了原来的 1.0 L 自然吸气发动机，6 速双离合变速器速比的范围扩大，使得动力系统更容易在高效节能的区间工作。另外，DM Ⅱ代还采用了轻量化的驱动电机，整体结构紧凑，空间尺寸相比于同参数电机减小了 50%，电子转子质量只有 28 kg，电机功率质量比可达到

3.9 kW/kg。两代双模技术的对比如表 3-1-3 所示。

表 3-1-3　比亚迪两代双模技术的对比

项目	DM I	DM II
整体电压 /V	330	500
发动机	1.0L 自然吸气发动机	1.5TI 涡轮增压 + 缸内直喷发动机
发动机最大功率 /kW	50	113
驱动电机转速 / (r·min^{-1})	6 000	12 000
驱动电机最大功率 /kW	75	110
变速器	自动变速器（CVT 无级变速）	六速双离合自动变速器
混合动力最大功率 /kW	125	223
纯电动模式下续驶里程 /km	60	50
电池能量 /kW·h	16	10

实践技能

一、混合动力卡罗拉汽车组成结构认知

下面以丰田卡罗拉混合动力汽车为例，说明混合动力汽车的主要结构部件。

1. 车辆准备

准备卡罗拉混合动力汽车一辆，如图 3-1-33 所示。这是一款油电混合动力汽车，采用丰田第二代混合动力系统。这款混合动力车辆使用两种动力源：一是发动机，二是电动机。

2. 实践操作

1) 找到车辆铭牌

混合动力车辆带有高压电，这款车辆混合动力系统最高工作电压可达 650 V。在对车辆进行维修操作时，一定要先按规范完成对混合动力车辆的下电操作。车辆铭牌在右侧 B 柱下面，如图 3-1-34 所示。

图 3-1-33　卡罗拉混合动力汽车

图 3-1-34　卡罗拉混合动力汽车车辆铭牌

任务 1　混合动力汽车组成结构认知

2）找到发动机

卡罗拉混合动力汽车采用高膨胀比的 Atkinson 循环发动机，发动机代号为 8ZR-FXE，如图 3-1-35 所示。这是一款直列 4 缸、1.8L、16 气门的双顶置凸轮轴发动机。该发动机配备了电动水泵以提高暖机性能和减少冷却损失。

图 3-1-35　卡罗拉混合动力汽车发动机

3）找到带转换器的逆变器总成

带转换器的逆变器总成和逆变器储液罐布置在前机舱内，如图 3-1-36 所示。

图 3-1-36　卡罗拉混合动力汽车逆变器总成及冷却液储液罐

逆变器与 HV 动力电池、电动压缩机、MG1 和 MG2 连接的高压连接器及线束如图 3-1-37 所示。

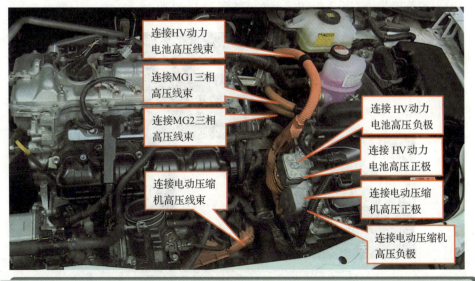

图 3-1-37　逆变器与 HV 动力电池、电动压缩机、MG1 和 MG2 连接的高压连接器及线束

103

DC-DC 转换器输出的 14 V 正极线束如图 3-1-38 所示，在保险丝盒内经过一个 125 A 的保险，经 AMD 端子连接到辅助蓄电池正极，给辅助蓄电池充电，同时也给车辆用电器供电。

4）找到 HV 动力电池和辅助蓄电池

卡罗拉混合动力车辆有两个蓄电池，这两个蓄电池都在车辆后部的行李箱位置下方，一个是为车辆低压电气部件供电的辅助蓄电池，一个是存储电能来驱动车辆的 HV 动力电池，

图 3-1-38 DC-DC 输出的 14 V 正极线束

如图 3-1-39 所示。HV 动力电池标称电压为 DC 201.6 V，该动力电池组为镍氢电池。车辆在行驶期间，混合动力 ECU 会控制 HV 动力电池的充电和放电，使 HV 动力电池电量保持在一定范围内，不需要使用外部电源对 HV 动力电池进行充电。HV 动力电池为驱动电机提供电能，动力电池的发热采用风冷系统冷却。

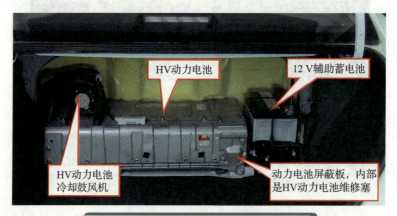

图 3-1-39 HV 动力电池和辅助蓄电池

前机舱内的跨接起动端子正极和端子负极如图 3-1-40 所示。

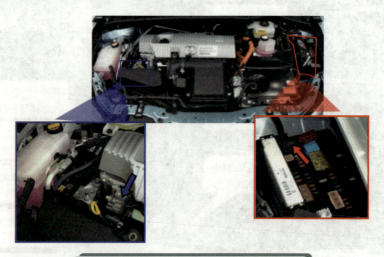

图 3-1-40 前机舱内的跨接起动端子

任务1　混合动力汽车组成结构认知

5）找到 P410 混合驱动桥

P410 混合驱动桥安装在前机舱底部，如图 3-1-41 所示。

6）找到电动压缩机

丰田卡罗拉混合动力汽车采用电动压缩机，安装位置如图 3-1-41 所示。

7）找到制动系统部件

卡罗拉混合动力车辆的制动主缸储液罐总成、制动助力器泵总成和带主缸的制动助力器总成（主要有制动执行器和防滑控制 ECU）如图 3-1-42 所示。

图 3-1-41　卡罗拉混合动力汽车 P410 混合驱动桥

图 3-1-42　卡罗拉混合动力汽车制动系统部分部件

8）找到组合仪表

卡罗拉混合动力汽车的组合仪表如图 3-1-43 所示。当车辆系统有故障时，故障警告灯才会点亮。

图 3-1-43　卡罗拉混合动力汽车组合仪表

9）找到电源开关、换挡杆、驾驶模式选择按钮及 P 位置开关

卡罗拉混合动力汽车配备一键起动系统、电子换挡系统，并提供三种驾驶模式选择，电源开关、换挡杆、驾驶模式选择按钮及 P 位置开关如图 3-1-44 所示。

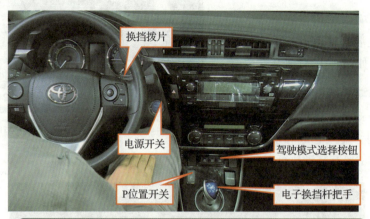

图 3-1-44　电源开关、换挡杆、驾驶模式选择按钮及 P 位置开关

二、混合动力卡罗拉汽车下电操作

电动汽车作业包括带电作业和非带电作业，带电作业需要佩戴个人高压防护用具。进行非带电作业（如绝缘检测、拆卸高压线束或更换高压部件等）之前，应先按照操作规范对电动汽车进行下电操作。不同车型下电步骤可能有所不同，下电前请一定详细阅读维修手册。

1. 准备工作

穿戴好工服及绝缘鞋，做好车辆防护：安装方向盘套、座椅套及地板垫，安装翼子板布、前格栅布，如图 3-1-45 所示。

图 3-1-45　准备工作

2. 下电操作

1）电源开关置于 OFF 位置

确保电源开关在 OFF 位置，并将钥匙移开智能系统探测范围，如图 3-1-46 所示。

2）断开辅助蓄电池负极

（1）打开行李箱，拆下行李箱前装饰罩，如图 3-1-47 所示。

（2）拆下辅助蓄电池负极并适当固定，防止电瓶夹接触到辅助蓄电池负极，如图 3-1-48 所示。

3）拆下维修塞

（1）拆下HV动力电池屏蔽板，如图3-1-49所示。

图3-1-46 电源开关置于OFF位置

图3-1-47 拆下行李箱前装饰罩

图3-1-48 拆下辅助蓄电池负极

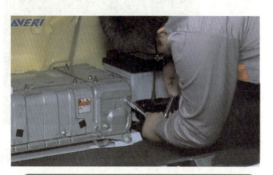

图3-1-49 拆下HV动力电池屏蔽板

（2）检查绝缘手套是否有破裂、磨损或其他类型的损坏。旋转密封，确保绝缘手套无泄露。检查无误后戴好绝缘手套，如图3-1-50所示。

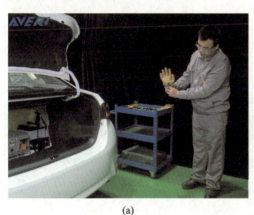

(a)

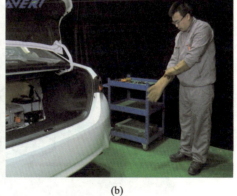

(b)

图3-1-50 检查及佩戴绝缘手套

（a）检查绝缘手套；（b）佩戴绝缘手套

（3）拆下维修塞。解锁并拆下维修塞，将维修塞装入衣兜中，如图3-1-51所示。

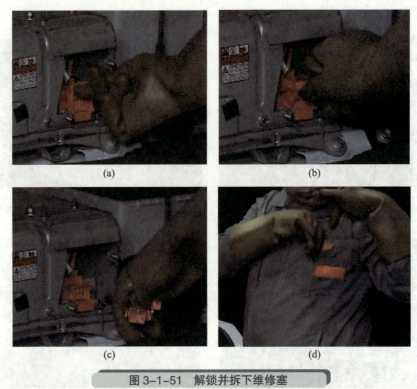

图3-1-51　解锁并拆下维修塞

（a）向上解锁维修塞；（b）向外拆下维修塞；（c）拆下维修塞；（d）将维修塞装入衣兜内

4）等待电容放电

至少需等待10min，使逆变器总成内的高压电容器放电完毕，如图3-1-52所示。

图3-1-52　等待高压电容放电

5）验电

（1）拆下逆变器总成低压控制插头，然后从逆变器总成上拆下连接器盖总成，如图3-1-53所示。

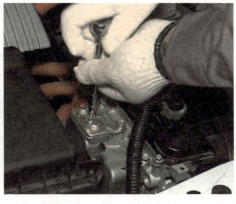

(a)　　　　　　　　　　　　　　(b)

图 3-1-53　拆下逆变器总成低压控制插头、拆下连接器盖总成

（a）拆下逆变器总成低压控制插头；（b）从逆变器总成上拆下连接器盖总成

（2）将万用表旋至直流电压挡，佩戴绝缘手套，检查逆变器总成检查点的正负极端子间电压，规定电压值应为0 V。检测结果为0 V，如图3-1-54所示。

6）盖上连接器盖总成，防止异物进入

下电完毕，可以进行维修操作。

图 3-1-54　检查逆变器总成检查点的正负极端子间电压

学习小结

（1）混合动力电动汽车（Hybrid Electrical Vehicle，HEV）是指由两种或两种以上不同类型的动力源作驱动能源，其中至少有一种能提供电能的汽车。

（2）插电式混合动力汽车（Plug-in Hybrid Electric Vehicle，PHEV）是可以利用电网对动力电池充电的混合动力汽车，可以使用纯电模式驱动车辆行驶，且纯电动模式下的汽车行驶里程较长；电能不足时，车辆仍然可以以重度混合模式行驶。

（3）丰田卡罗拉混合动力汽车高压部件主要有HV动力电池、带转换器的逆变器总成、P410混合驱动桥、电动空调压缩机及高压线束等。

（4）P410混合驱动桥总成内部由电机MG1、电机MG2、动力分配行星齿轮机构和电动机减速行星齿轮机构组成，MG1电机主要用于起动发动机和发电，MG2电机主要用于发电和驱动车轮。

思考题

1. 什么是混合动力汽车？
2. 不同混合度的混合动力系统，有哪些特点？
3. 油电混合动力系统的电机所在位置和数量如何？

学习情境3 混合动力汽车认知

混合动力汽车驾驶操作与体验

任务导入

小王是某品牌4S店的服务顾问,客户张先生对丰田卡罗拉一款混合动力汽车特别感兴趣,想申请试乘试驾。假如你是小王,你能安全规范地带领张先生进行试乘试驾吗?

学习目标

1. 能通过查阅车辆用户手册等方式获取车辆信息;
2. 能正确识别卡罗拉混合动力各个操作按钮或开关的位置,并能说出其功能;
3. 能正确叙述卡罗拉混合动力车辆高压安全措施;
4. 能正确叙述混合动力汽车试乘试驾的评价项目。

理论知识

重要提示:根据相关法律规定,驾驶机动车,应当依法取得机动车驾驶证。不得无证驾驶。

一、混合动力卡罗拉车辆的正确使用

1. 电源开关置于ACC挡

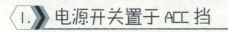

不踩制动踏板,按下电源开关,车辆进入ACC模式,仪表显示欢迎界面,随后显示"电源打开",如图3-2-1所示。ACC模式下可以使用部分电气部件(如音响系统),挡位在P挡,如果车辆处于ACC模式20分钟以上,则电源开关将自动关闭。

任务2　混合动力汽车驾驶操作与体验

图 3-2-1　电源开关置于 ACC 挡

（a）欢迎界面；（b）显示电源打开

2. 电源开关置于 ON 挡

不踩制动踏板，再次按下电源开关，或由 OFF 位置按两下电源开关，车辆进入 ON 挡模式。观察仪表，车辆首先进入自检，如果各系统正常，则自检完成后，大部分故障指示灯和警告灯自动熄灭。ON 挡模式下，系统主警告灯应熄灭，正常情况下仪表应显示的指示灯有发动机故障灯、EPS 系统故障灯、ABS 系统故障灯、车辆防滑故障灯、充电系统故障灯等，如图 3-2-2 所示。ON 挡模式下，可以使用所有电气部件挡位。在 P 挡时，如果车辆处于 ON 挡模式 1 小时以上，则电源开关将自动关闭。

图 3-2-2　电源开关置于 ON 挡

3. 车辆 READY

踩下制动踏板，再次按下电源开关，或由 OFF 位置直接踩下制动踏板并按下电源开关，观察仪表，如果仪表 READY 指示灯点亮，则表示车辆已为驾驶准备就绪。车辆 READY 状态下，系统主警告灯、发动机故障灯、EPS 系统故障灯、ABS 系统故障灯、充电系统故障灯等均应熄灭，如图 3-2-3 所示。

图 3-2-3　车辆 READY

4. 车辆起动及加减速体验

踩下制动踏板,将电子换挡杆拨至 D 挡,如图 3-2-4 所示。

图 3-2-4 挡位置于 D 挡

松开手刹,并逐渐松开制动踏板,轻踩加速踏板,车辆缓慢加速向前行驶。观察仪表的能量监视器,能量监视器显示车辆由电机驱动,如图 3-2-5 所示。

图 3-2-5 车辆由电机驱动

快速踩下加速踏板,感受车辆加速性能。车辆提速迅猛,能量监视器显示车辆由电机和发动机共同驱动,如图 3-2-6 所示。

图 3-2-6 车辆由电机和发动机共同驱动

松开加速踏板或踩下制动踏板,能量监视器显示正在给 HV 动力电池充电,进入能量回收状态,如图 3-2-7 所示。

图 3-2-7　能量回收

5. 运动挡——S 挡驾驶体验

停稳车辆，踩下制动踏板，将电子换挡杆拨至 S 挡，起动车辆，观察仪表，仪表盘显示当前挡位为 3 挡；轻踩加速踏板，车辆向前行驶，操作右侧升挡拨片，与踩加速踏板配合，逐级升挡，车速逐级升高；操作左侧减挡拨片，逐级减挡，车速逐级减速，如图 3-2-8 所示。

6. P 挡位置开关功能

停止车辆，按下 P 挡位置开关，听到"咔"的一声，P 挡锁止机构机械锁止。如果在行车过程中按下 P 挡位置开关，车辆可由 D 挡、R 挡或 S 挡自动切换至 N 挡，如图 3-2-9 所示。

图 3-2-8　S 挡驾驶体验

图 3-2-9　行车中按下 P 位置开关

7. 车辆停止时发动机给 HV 动力电池充电

车辆停止时，汽油发动机一般就会停机。如果在 HV 动力电池需要充电或发动机暖机等情况下，则汽油发动机不会停机，如图 3-2-10 所示，现在发动机正在工作，给 HV 动力电池充电，当动力电池满三格电量时，发动机才会停机。

图 3-2-10　车辆停止时发动机给 HV 动力电池充电

9. 多信息显示屏上的EV指示灯

多信息显示屏上的EV指示灯,在汽油发动机停机时或仅使用电机驱动车辆时点亮,如图3-2-11所示。当发动机参与驱动车辆时,EV指示灯关闭;车辆停车状态下,发动机运转时,EV指示灯关闭。

(a)

(b)

(c)

图 3-2-11 多信息显示屏上的EV指示灯

(a)电机驱动车辆时点亮;(b)发动机参与驱动车辆时,EV指示灯关闭;
(c)车辆停车状态下,发动机运转时,EV指示灯关闭

9. 车辆驾驶模式选择体验

在 EV 驱动模式下，由 HV 动力电池供电，使用电机驱动车辆。EV 驱动模式下，可行驶的距离是几百米至一千米。根据车辆状况，某些情况下可能无法使用 EV 驱动模式。按下 EV 模式选择按钮，现在 HV 动力电池电量不足，多信息显示屏提示不能切换到 EV 模式，牵引用蓄电池电量不足，如图 3-2-12 所示。

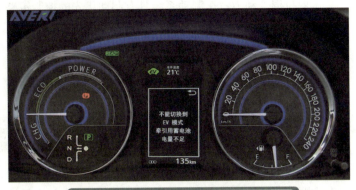

图 3-2-12　不能切换到 EV 模式

在驾驶途中需要频繁加速和制动时，可选择经济模式行驶。按下经济模式选择按钮，多信息显示屏显示当前模式为 ECO 模式，如图 3-2-13 所示。再次按下经济模式选择按钮，可取消选择。

图 3-2-13　ECO 模式

动力模式适用于山地行驶或超车等追求高水准的响应速度和快感的情况。按下动力模式选择按钮，多信息显示屏显示当前模式为 PWR 模式，如图 3-2-14 所示。再次按下动力模式选择按钮，可取消选择。

图 3-2-14　PWR 模式

10. 制动优先功能体验

卡罗拉混合动力汽车制动系统具有制动优先的控制策略,即在踩下加速踏板的情况下,再踩下制动踏板,系统优先响应制动功能,不响应加速踏板的请求。正常制动时,可以感觉到制动踏板力度较硬;制动优先时,左脚踩下制动踏板,可以明显感觉到制动踏板力度很轻,并且车辆急剧减速。

二、混合动力卡罗拉车辆的高压安全措施

新能源汽车具有多级的高压安全防护措施,以保护驾乘人员安全。卡罗拉混合动力高压安全包含两点:高压电路绝缘和高压电路切断。混合动力系统还可检测到高压系统与车身搭铁之间的绝缘电阻是否减小。

1. 高压电路绝缘

(1) 卡罗拉混合动力汽车高压电路用于 HV 动力电池、带转换器的逆变器总成、P410 混合驱动桥和电动压缩机总成之间,如图 3-2-15 所示。所有这些项目均由电源电缆(线束组)连接并用外壳和盖绝缘。

(2) 同时利用内置于电气绝缘体的网状导体对电源电缆(线束组)进行屏蔽。屏蔽装置与车辆底盘搭铁,主要目的是防止电磁干扰。

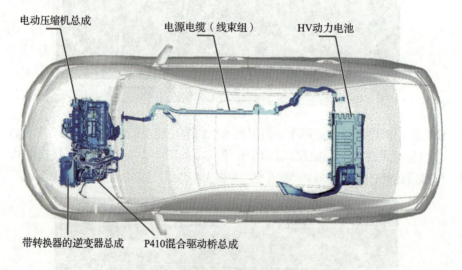

图 3-2-15 卡罗拉混合动力汽车高压系统

2. 高压电路自动切断

出现以下任何一种情况时,混合动力车辆控制 ECU 总成会自动切断系统主继电器,如图 3-2-16 所示。

任务 2　混合动力汽车驾驶操作与体验

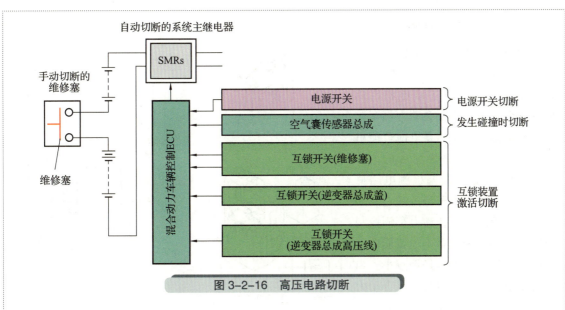

图 3-2-16　高压电路切断

1）电源开关置于 OFF 位置

当关闭电源开关后，混合动力车辆控制 ECU 总成会切断系统主继电器。

2）任一空气囊展开

当发生碰撞时，混合动力车辆控制 ECU 总成通过断开系统主继电器来切断电源，以确保安全。在正面碰撞、侧面碰撞或后面碰撞过程中，混合动力车辆控制 ECU 总成接收来自空气囊传感器总成的空气囊展开信号，如图 3-2-17 所示。

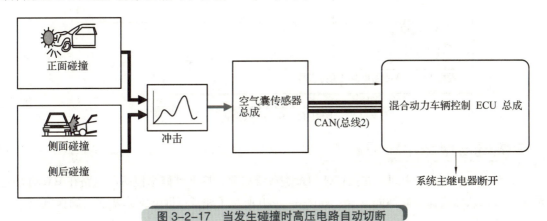

图 3-2-17　当发生碰撞时高压电路自动切断

3）互锁电路断开

当断开电源电缆连接器、解锁维修塞把手或打开逆变器总成盖时，系统互锁电路断开，混合动力车辆控制 ECU 总成自动切断系统主继电器，以确保安全，维修塞把手上的互锁开关如图 3-2-18 所示。

4）出现特定的故障

当系统出现特定的故障时，比如绝缘故障，混合动力车辆控制ECU也会切断系统主继电器，以确保安全。卡罗拉混合动力汽车的绝缘检测是由内置于蓄电池智能单元的泄漏检测电路来完成的，如图3-2-19所示。泄漏检测电路持续监视高压电路和车身搭铁之间的绝缘电阻情况。混合动力车辆控制ECU总成根据来自蓄电池智能单元的信息确定绝缘电阻是否减小。当绝缘阻值小于设定值时，混合动力车辆控制ECU总成断开系统主继电器。

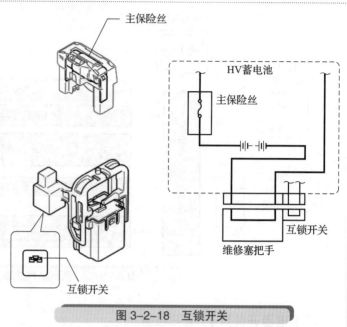

图3-2-18 互锁开关

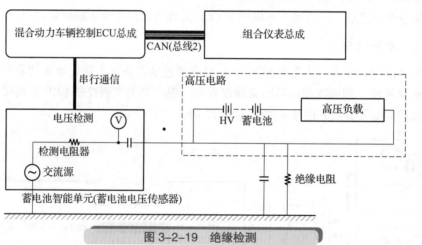

图3-2-19 绝缘检测

3. 高压电路手动切断

维修塞位于电池组中间，在执行任何检查或维修前，拆下维修塞使高压电路在HV动力电池中断开，从而确保维修期间安全，如图3-2-20所示（注意：拆下维修塞前，确保电源开关置于OFF位置）。

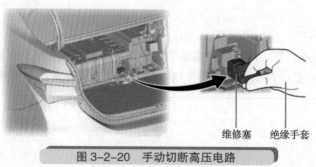

图3-2-20 手动切断高压电路

三、驾乘体验评价

通过对混合动力汽车的驾驶操作与体验,驾乘人员可根据试乘试驾评价表对该款混合动力汽车进行整体评价,包括车辆外观、驾乘的舒适性、操作性、安全性、动力性、经济性以及车内感受等,试乘试驾评价表详见本单元任务工单。

拓展阅读

第三代普锐斯混合动力汽车驾乘体验案例

作为一款油电混合车型,动力和油耗是大家最为关心的两个方面。丰田普锐斯搭载了一台1.8L 直列四缸发动机,最大功率为 73 kW 5 200 r/min,最大扭矩为 142 N·m 4 000 r/min,如图 3-2-21(a)所示。不仅如此,普锐斯还有一台电动机,其最大功率为 60kW,这样两者相加,这台普锐斯在混合动力系统下,最大功率就达到了 100 kW,如图 3-2-21(b)所示,完全可以满足我们日常的用车需求。

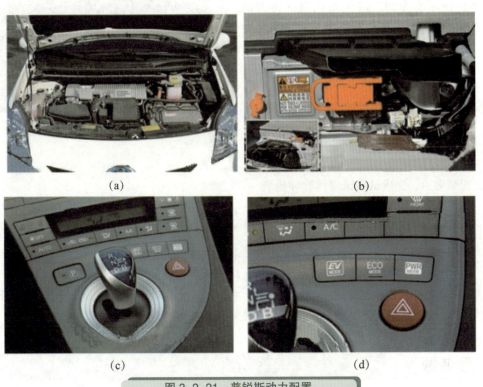

图 3-2-21 普锐斯动力配置

普锐斯搭载 CVT 无级变速器，采用科技感十分强烈的电子排挡，挂挡后挡把会自动回到初始位置，十分方便，如图 3-2-21（c）所示。另外，普锐斯提供了三种驾驶模式可供选择，分别为 EV（纯电动模式）、ECO（节能模式）及 PWR（运动模式），满足驾驶者不同的驾驶需求，如图 3-2-21（d）所示。

驾驶普锐斯可以实时关注发动机与发电机的工作状态，其驾驶模式说明如图 3-2-22 所示。

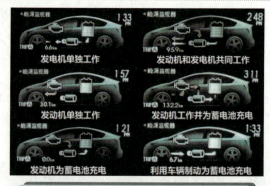

图 3-2-22 普锐斯驾驶模式说明

实践技能

混合动力卡罗拉汽车驾驶操作与体验

1. 驾驶前准备

准备卡罗拉混合动力汽车一辆，按下遥控解锁键解锁所有车门，进入车内后，将方向盘、座椅和车内后视镜调到合适位置，系好安全带，如图 3-2-23 所示。

2. 驾驶操作

按照正确驾驶操作及行驶路线进行试驾。

图 3-2-23 卡罗拉混合动力汽车驾驶前准备

3. 驾乘评价

试驾结束后，完成试乘试驾体验评价表。

学习小结

（1）试驾时要按照正确驾驶操作及行驶路线进行试驾。

（2）不要随意触摸高压线缆（这些高压线缆表面颜色为橘黄色）及插接件，防止触电。

（3）驾乘人员可根据试乘试驾评价表对混合动力汽车进行整体评价，包括车辆外观、驾乘的舒适性、操作性、安全性、动力性、经济性以及车内感受等。

思考题

1. 混合动力汽车有哪些方法可以实现能量回收？
2. 混合动力汽车在什么条件下可以纯电行驶？
3. 混合动力卡罗拉汽车有哪些高压安全措施？
4. 如何对混合动力汽车进行试乘试驾评价？

学习情境 4
燃料电池汽车及智能网联汽车认知

【学习目标】

- 能通过查阅相关维修技术资料等方式获取车辆信息；
- 能叙述燃料电池汽车的定义、分类及特点；
- 能叙述燃料电池的类型和质子交换膜燃料电池的工作原理；
- 能叙述燃料电池汽车的工作原理；
- 能认知燃料电池汽车的结构组成；
- 能介绍燃料电池汽车的优缺点；
- 能叙述发展智能网联汽车的意义；
- 能正确介绍智能网联汽车的定义与内涵；
- 能正确介绍智能网联汽车的层级划分；
- 能正确介绍智能网联汽车的技术架构与关键技术；
- 能认知智能网联汽车传感器系统、决策系统与执行系统各部件；
- 能正确介绍智能网联汽车传感器系统、决策系统与执行系统各部件的作用；
- 能正确规范地对智能网联汽车设备进行安装与调试；
- 能正确介绍智能网联汽车应用场景及 ADAS 系统功能。

燃料电池汽车组成结构认知

任务导入

小王是某汽车4S店的服务顾问，客户张先生想了解下燃料电池汽车与纯电动汽车在结构上有什么不同。假如你是小王，你能向张先生介绍燃料电池汽车的组成结构吗？

学习目标

1. 能通过查阅相关维修技术资料等方式获取车辆信息；
2. 能叙述燃料电池汽车的定义、分类及特点；
3. 能叙述燃料电池的类型和质子交换膜燃料电池的工作原理；
4. 能叙述燃料电池汽车的工作原理；
5. 能认知燃料电池汽车的结构组成；
6. 能了解燃料电池汽车的优缺点。

理论知识

一、燃料电池电动汽车的定义

燃料电池电动汽车（Fuel Cell Electric Vehicle，FCEV）是一种用车载燃料电池装置产生的电力作为动力的汽车。车载燃料电池装置所使用的燃料为高纯度氢气或含氢燃料经重整所得到的高含氢重整气。与通常的电动汽车比较，其动力方面的不同在于燃料电池汽车用的电力来自车载燃料电池装置，电动汽车所用的电力来自由电网充电的蓄电池。因此，燃料电池汽车的关键是燃料电池。

燃料电池是一种能够持续地通过发生在阳极和阴极的氧化还原反应将化学能转化为电能的能量转换装置。燃料电池与常规电池的区别在于，它工作时需要连续不断地向电池内输入燃料和氧化剂，只要持续供应，燃料电池就会不断提供电能。

二、燃料电池电动汽车的分类

燃料电池电动汽车的结构形式按照不同的分类方法有多种。

（1）按照燃料电池系统氢燃料的来源不同，FCEV可分为两种：以纯氢气为燃料的FCEV；以经过重整产生氢为燃料的FCEV。

（2）按照驱动形式，FCEV又可分为两种：纯燃料电池驱动（PFC）的FCEV；混合驱动的FCEV。

混合驱动的FCEV按辅助动力源又分为以下三种:燃料电池与辅助蓄电池混合驱动（FC+B）的FCEV；燃料电池与超级电容混合驱动（FC+C）的FCEV；燃料电池与辅助蓄电池和超级电容混合驱动（FC+B+C）的FCEV。

三、燃料电池的类型

燃料电池种类繁多，到目前为止，人们已经开发出多种类型的燃料电池。通常燃料电池可按其电解质类型、工作温度、燃料的来源和燃料的状态等进行分类。

1. 按电解质分类

目前最常用的分类方法是按燃料电池所采用的电解质的类型分类。根据燃料电池中使用电解质种类的不同，通常可分为以下五类。

（1）质子交换膜燃料电池（PEMFC）：通常以全氟或部分氟化的磺酸型质子交换膜为电解质。这种电解质具有高的比功率和低的工作温度，是适用于固定和移动装置的理想材料，如图4-1-1（a）所示。

（2）碱性燃料电池（AFC）：采用氢氧化钾溶液作为电解液。这种电解液效率很高（可达60%~90%），但对影响纯度的杂质（如二氧化碳）很敏感。因而运行中需采用纯态氢气和氧气，如图4-1-1（b）所示。

（3）磷酸燃料电池（PAFC）：采用200℃高温下的磷酸作为电解质，很适合用于分散式的热电联产系统，如图4-1-1（c）所示。

（4）熔融碳酸盐燃料电池（MCFC）：以熔融的锂－钾或锂－钠碳酸盐为电解质，工作温度可达650℃。这种电池的效率很高，但对材料的要求也高，如图4-1-1（d）所示。

（5）固体氧化物燃料电池（SOFC）：采用的是固态电解质（钻石氧化物），性能很好。它们需要采用相应的材料和过程处理技术，因为电池的工作温度约为1 000℃。该电池如图4-1-1（e）所示。

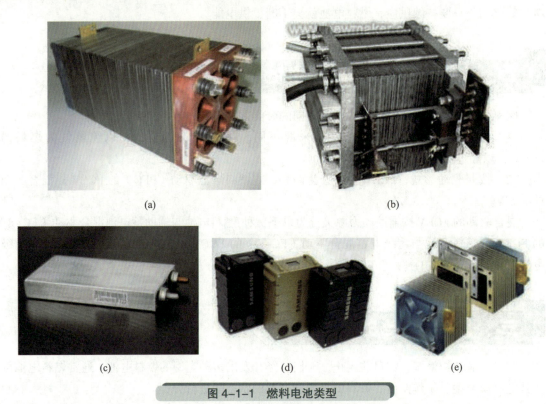

图 4-1-1 燃料电池类型

（a）质子交换膜燃料电池（PEMFC）；（b）碱性燃料电池（AFC）；
（c）磷酸燃料电池（PAFC）；（d）熔融碳酸盐燃料电池（MCFC）；（e）固体氧化物燃料电池（SOFC）

按电解质分类的这几种燃料电池具有各自的工作特性和适用范围，并且处于不同的发展阶段。碱性燃料电池的效率很高，发展非常成熟，但其工作条件要求隔绝 CO_2，应用领域主要集中在航天方面；磷酸燃料电池技术已经非常成熟，被称为第一代燃料电池，它是最接近商业化的燃料电池，但磷酸燃料电池需要用到贵金属铂催化剂，成本较高，且其工作温度不够高，余热利用价值低；熔融碳酸盐燃料电池发展较早，被称为第二代燃料电池，固体氧化物燃料电池的研究则起步较晚，被称为第三代燃料电池，这两种燃料电池工作效率高，被认为最适合实现热电联供，性能良好，但由于两者的工作温度较高，所以对电池材料的要求也较高；质子交换膜燃料电池技术近期发展迅速，采用较薄的高分子隔膜作电解质，具有很高的比功率，而且工作温度较低，特别适合作为便携式电源和新能源汽车车载电源，但目前的主要问题是成本太高。

2. 按工作温度分类

根据工作温度的不同，燃料电池可分为以下四类。

（1）低温型燃料电池：工作温度范围一般是 25℃~100℃，如固体聚合物电解质燃料电池。

（2）中温型燃料电池：工作温度范围一般是 100℃~500℃，如磷酸型燃料电池。

（3）高温型燃料电池：工作温度范围一般是 500℃~1 000℃，这种类型的电池包括熔融碳酸盐燃料电池和固体氧化物燃料电池。

（4）超高温型燃料电池：工作温度范围一般高于 1 000℃。

3. 按燃料的来源分类

根据燃料电池使用燃料的来源不同,燃料电池可分为以下三类。

(1)直接型燃料电池:燃料不经过转化步骤直接参加燃料电池的电极反应的电池,比如氢氧燃料电池,燃料直接使用氢气。

(2)间接型燃料电池:燃料不直接参加电化学反应,而是要通过重整等方法将燃料转化后再供给燃料电池发电的电池,比如将甲醇重整后得到的富氢的混合气作为燃料电池的燃料,即其燃料不是直接使用氢气,而是通过某种方法把甲烷、甲醇或其他烃类化合物转变成氢或含富氢的混合气后再供给燃料电池。

(3)再生型燃料电池:将燃料电池反应生成的水经过某种方式(如热和光等)分解成氢和氧,再将氢和氧重新输送给燃料电池进行发电的电池。

4. 按燃料状态分类

根据燃料电池的燃料状态不同,燃料电池可分为液体型燃料电池和气体型燃料电池。

此外,根据燃料电池使用燃料的种类,燃料电池可分为氢燃料电池、甲醇燃料电池和乙醇燃料电池等;根据燃料电池运行机理的不同,燃料电池可分为酸性燃料电池和碱性燃料电池。

四、燃料电池的工作原理

燃料电池是一种不燃烧燃料而直接以电化学反应方式将燃料的化学能转变为电能的高效发电装置。为满足汽车的使用要求,车用燃料电池必须具有高比能量、低工作温度、起动快、无泄漏等特性,在众多类型的燃料电池中,质子交换膜燃料电池(Proton Exchange Membrane Fuel Cell,PEMFC)完全具备这些特性,所以燃料电池汽车一般使用聚合物电解质膜(PEM)燃料电池,该电池也被称作质子交换膜电池或固体聚合物电解质燃料电池,使用氢气和空气中的氧气进行发电。

PEMFC 在原理上相当于水电解的"逆"装置。其单电池由阳极、阴极和质子交换膜组成,阳极为氢燃料发生氧化的场所,阴极为氧化剂还原的场所,两极都含有加速电极电化学反应的催化剂,一般采用铂炭或钌炭为电催化剂,以质子交换膜为电解质,以氢或净化重整气为燃料,以空气或纯氧为氧化剂,带有气体流动通道的石墨或表面改性的金属板为双极板。燃料电池工作原理如图 4-1-2 所示。

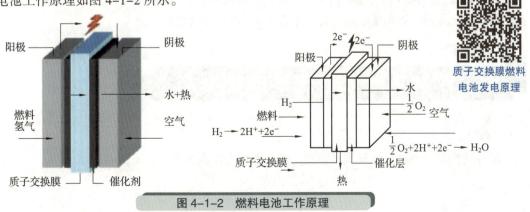

质子交换膜燃料电池发电原理

图 4-1-2 燃料电池工作原理

发电的基本过程：电池的阳极（燃料极）输入氢气（燃料），氢分子（H_2）在阳极催化剂作用下被离解成为氢离子（H^+）和电子（e^-），H^+ 穿过燃料电池的电解质层向阴极（氧化极）方向运动，e^- 因无法通过电解质层而由一个外部电路流向阴极；在电池阴极输入氧气（O_2），氧气在阴极催化剂作用下被离解成为氧原子（O），与通过外部电路流向阴极的 e^- 和穿过电解质的 H^+ 结合生成稳定结构的水（H_2O），完成电化学反应放出热量。

这种电化学反应与氢气在氧气中发生的剧烈燃烧反应是完全不同的，只要阳极不断输入氢气，阴极不断输入氧气，电化学反应就会连续不断地进行下去，e^- 就会不断通过外部电路流动形成电流，从而连续不断地向汽车提供电力。与传统的导电体切割磁力线的回转机械发电原理也完全不同，这种电化学反应属于一种没有物体运动就获得电力的静态发电方式。因而，燃料电池具有效率高、噪声低和无污染物排出等优点，这确保了 FCV 成为真正意义上的高效、清洁汽车。

五、燃料电池电动汽车组成结构与工作原理

下面以纯燃料电池驱动的 FCEV 为例，说明燃料电池电动汽车的组成结构和工作原理。

纯燃料电池汽车只有燃料电池一个动力源，汽车的所有功率负荷都由燃料电池承担。燃料电池系统将氢气与氧气反应产生的电能通过总线传给驱动电动机，驱动电动机将电能转化为机械能再传给传动系，从而驱动汽车前进。燃料电池汽车结构如图 4-1-3 所示。

燃料电池汽车的氢燃料能通过几种途径得到：有些车辆直接携带着纯氢燃料，另外一些车辆有可能装有燃料重整器，能将烃类燃料转化为富氢气体。单个的燃料电池必须结合成燃料电池组，以便获得必需的动力，满足车辆使用的要求。

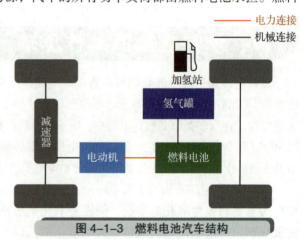

图 4-1-3 燃料电池汽车结构

与传统汽车相比，燃料电池汽车与传统的内燃机驱动汽车在构造及动力传输等方面存在很大不同。传统内燃机汽车的发动机–变速器动力总成在燃料电池汽车中不复存在，取而代之的是燃料电池反应堆、蓄电池、氢气罐、电动机和 DC-DC 转化器等设备。

六、燃料电池电动汽车的优缺点

1. 优点

与传统汽车、纯电动汽车技术相比，燃料电池电动汽车具有以下优点。

1)零排放或近似零排放,绿色环保

燃料电池电动汽车在本质上是一种零排放汽车,燃料电池没有燃烧过程,若以纯氢作燃料,通过电化学的方法,将氢和氧结合,生成物是清洁的水;采用其他富氢有机化合物用车载重整器制氢作为燃料电池的燃料,生成物除水之外还可能有少量的 CO_2,但其排放量比内燃机要少得多,且没有其他污染排放(如氧化氮、氧化硫、碳氢化物或微粒)问题,接近零排放。与传统汽车相比燃料电池电动汽车既减少了机油泄漏带来的水污染,又降低了温室气体的排放。

2)能量转换效率高,节约能源

燃料电池的能量转换效率极高。燃料电池没有活塞或涡轮等机械部件及中间环节,不经历热机过程,不受热力循环(卡诺循环)限制,故能量转换效率高,燃料电池的化学能转换效率在理论上可达100%,实际效率已达60%~80%,是普通内燃机热效率的2~3倍(汽油机和柴油机汽车整车效率分别为 16%~18% 和 22%~24%)。因此,从节约能源的角度来看,燃料电池汽车明显优于使用内燃机的普通汽车。

3)燃料多样化,优化了能源消耗结构

燃料电池所使用的氢燃料来源广泛,自然界中,氢能大量存储在水中,既可采用水分解制氢,也可以从可再生能源获得,可取自天然气、丙烷、甲醇、汽油、柴油、煤以及再生能源。燃料来源的多样化有利于能源供应安全和利用现有的交通基础设施(如加油站等)。燃料电池不依赖石油燃料,各种可再生能源可以转化为氢能加以有效利用,减少了对石油资源的依赖,优化了交通能源的构成。

4)续驶里程长,性能优于采用其他电池的电动汽车

采用燃料电池发电系统作为能量源,克服了纯电动汽车续驶里程短的缺点,其长途行驶能力及动力性已经接近于传统汽车。燃料电池汽车可以车载发电,只要带上足够的燃料,它可以把我们送到任何想去的地方。燃料电池电动汽车在成本和整体性能上(特别是行程和补充燃料时间上)明显优于采用其他电池的电动汽车。

5)过载能力强

燃料电池除了在较宽的工作范围内具有较高的工作效率之外,其短时过载能力可达额定功率的200%或更大,更适合于汽车的加速、爬坡等工况。

6)运行平稳、低噪声

燃料电池属于静态能量转换装置,除了空气压缩机和冷却系统以外无其他运动部件,因此与内燃机汽车相比,燃料电池汽车摆脱了马达的轰鸣,运行过程中噪声和振动都较小。

2. 缺点

汽车业界普遍认同的一个观点是,燃料电池技术是内燃机技术最好的替代物,代表了汽车未来的发展方向。但如果将发展燃料电池汽车的几个制约因素考虑进来,则会发现燃料电池汽车目前和今后一段时间尚不具备商业化的条件。

1）燃料电池汽车的制造成本和使用成本过高

制约燃料电池汽车推广应用的最大因素之一是燃料电池的生产成本一直居高不下。如何降低燃料电池的生产成本成为燃料电池汽车实用化的关键。据美国能源部测算，目前燃料电池的生产成本已降为 500 美元 /kW。专家估计，只有燃料电池的生产成本降至 50 美元 /kW 的水平才能为消费者所接受。也就是说，当一台 80 kW 的汽车用燃料电池的成本降到目前汽油发动机的 3 500 美元的价格时，才能创造巨大的市场效益。从市场经济学角度讲，高成本很难完成市场化推广，而无法实现市场化就不可能大规模批量生产，进而成本就无法降下来，最终导致高成本与低销售的恶性循环。

另外，燃料电池汽车的使用成本过也高，氢气的售价并不廉价，因此燃料电池汽车的运行成本并不乐观。目前由燃料电池发电系统提供 1 kW·h 电能的成本远高于各种动力电池，这从一个侧面反映了要作为汽车动力源得到普遍应用，燃料电池还有相当远的距离。

2）起动时间长，系统抗震能力还需提高

采用氢气为燃料的 FCEV 起动时间一般需要超过 3 min，而采用甲醇或者汽油重整技术的 FCEV 的起动时间则长达 10 min，比内燃机汽车起动的时间长得多，影响其机动性能。此外，当 FCEV 受到震动或者冲击时，各种管道的连接和密封的可靠性需要进一步提高，以防止泄漏而降低效率，严重时还会引发安全事故。

3）经济且无污染地获取纯氢燃料还存在技术难点

通过重整或改质技术转化传统的化石能源获取纯氢天然气，不仅要消耗大量的能量，而且并没有从根本上摆脱对化石能源的依赖，也没有从根本上消除对环境的污染。自然界中，氢能大量存储在水中，虽然取之不尽，但直接使用热分解或电解的办法从水中制氢显然不划算。因此多数科学家都将目光转向了利用太阳能，但是还存在许多技术障碍。目前，他们正在进行太阳能分解水制氢、太阳能发电电解水制氢、阳光催化光解水制氢和太阳能生物制氢等方面的研究。只有能以可再生性能源廉价地生产出氢燃料，氢燃料电池民用汽车的燃料问题才算获得根本性解决。

4）氢燃料电池汽车燃料的供应还有大量的技术问题有待解决

通常氢能以三种状态存储和运输：高压气态、液态和氢化物形态。用常用的压缩气体罐储存的氢，只能供燃料电池汽车行驶 150 km，续驶里程太短，还不如蓄电池驱动的汽车。由于氢气是最小的分子，很容易造成泄漏。哪怕是微量的泄漏，都有可能造成极其严重的后果。而在 -253 ℃的条件下储存液氢的深度制冷技术目前还很不成熟。就全球来说，目前能够加液氢的加氢站也没有几家。值得欣慰的是，储氢材料的开发已取得了一定的进展。

5）供应燃料辅助设备复杂，且质量和体积较大

在以甲醇或者汽油为燃料的 FCEV 中，经重整器出来的"粗氢气"含有使催化剂"中毒"失效的少量有害气体，必须采用相应的净化装置进行处理，这增加了结构和工艺的复杂性，并使系统变得笨重。目前普遍采用氢气燃料的 FCEV，因需要高压、低温和防护的特种储存罐，导致其体积庞大，也给 FCEV 的使用带来了许多不便。

6）稀有金属铂金 Pt 被大量应用也制约着燃料电池电动汽车的推广应用

稀有金属铂金作为燃料电池必不可少的反应催化剂，按照现有燃料电池对铂金的消耗量，地球上所有的铂金储量都用来制作车用燃料电池，也只能满足几百万辆车的需求。

7）加氢站等基础网络设施建设几乎为零

目前全球范围内投入使用的加氢站仅有 100 多家，且大部分是用于实验用途的。尽管技术和成本是科研机构和企业通过努力可以自行解决的问题，但是相应的配套设施建设不是举一人之力可以完成的，需要国家政策、产业链条和基础设施建设等多方面的准备，并及时制定完善的行业标准和规范的加氢站等基础设施建设，既涉及城市规划、交通和电力等问题，又要解决投资和经营者的获利问题，同时还要有效解决加氢的核心技术和统一标准等问题。对于有一定行驶区间的公交车而言，这个问题可能容易解决，但是对于私家车而言要解决这些问题就任重而道远了。

拓展阅读

燃料电池电动汽车的各种结构形式特点

1. 纯燃料电池驱动（PFC）的燃料电池电动汽车的优缺点

其主要优点如下：
（1）系统结构简单，便于实现系统控制和整体布置。
（2）系统部件少，有利于整车的轻量化。
（3）较少的部件使得整体的能量传递效率高，从而提高整车的燃料经济性。

其主要缺点如下：
（1）燃料电池功率大，成本昂贵。
（2）对燃料电池系统的动态性能和可靠性要求很高。
（3）不能进行制动能量回收。

基于纯燃料电池汽车上述缺点，现在已较多地采用了混合驱动这种结构形式。混合驱动结构既以燃料电池系统作为主动力源，又增加了蓄电池组或超级电容或蓄电池组加超级电容作为辅助动力源，和燃料电池联合工作，组成混合驱动系统共同驱动汽车。从本质上来讲，这种结构的燃料电池电动汽车采用的结构形式类似混合动力结构。它与传统意义上的混合动力结构的不同仅在于动力源是燃料电池而不是内燃机。在燃料电池混合驱动结构汽车中，燃料电池和辅助能量存储装置共同向电动机提供电能，通过变速机构来驱动汽车行驶。

2. "燃料电池 + 辅助蓄电池" 混合驱动的 FCEV

燃料电池与辅助蓄电池混合驱动的燃料电池电动汽车的动力系统如图 4-1-4 所示。该动力系统结构有燃料电池和蓄电池两个动力源。汽车的功率负荷由燃料电池和蓄电池共同承担，即燃料电池和蓄电池一起为驱动电机提供能量，驱动电机将电能转化成机械能传给传动系统，从而驱动汽车前进。在燃料电池和蓄电池联合供能时，燃料电池的能量输出变化较为平缓，随时间变化波动较小，而能量需求变化的高频部分由蓄电池分担。在燃料电池系统启动时，蓄电池提供电能用于空压机或鼓风机的工作、电堆的加热以及氢气和空气的加湿等。在汽车制动时，驱动电机变成发电机，蓄电池将储存回馈的能量。

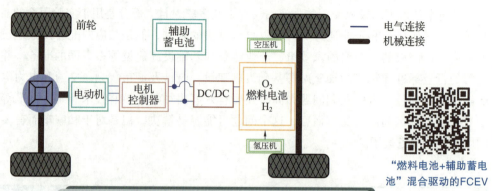

图 4-1-4　"燃料电池 + 辅助蓄电池"混合驱动的 FCEV

这种"燃料电池 + 辅助蓄电池"混合驱动的 FCEV 具有如下优点：

（1）由于增加了辅助蓄电池联合驱动，且辅助蓄电池的比功率价格相对低廉得多，系统对燃料电池的功率要求较纯燃料电池结构形式有很大的降低，从而较大幅度地降低了整车成本。

（2）降低了对燃料电池动态特性的要求。

（3）能够回收再生制动能量，增加整车的能量效率。

（4）汽车的冷起动性能较好。

（5）在车辆起步的时候和功率需求量不大的时候，蓄电池可以单独输出能量。

（6）燃料电池单独或与动力电池共同提供持续功率，在车辆起动、爬坡和加速等峰值功率需求时，动力电池提供峰值功率。

（7）由于蓄电池分担了能量需求变化的高频部分，燃料电池可以在比较好的设定的工作条件下工作，工作时燃料电池的效率进一步提高。

（8）蓄电池技术比较成熟，可以在一定程度上弥补燃料电池技术上的不足。

该动力系统结构的主要缺点如下：

（1）蓄电池的使用增加了驱动系统的重量、体积和复杂性，使整车的动力性和经济性受到影响。

（2）蓄电池充放电过程会有能量损耗，影响了能量转换效率。

（3）增加了蓄电池的维护和更换费用。

（4）系统的复杂化，增加了系统控制和整体布置的难度。

3. "燃料电池 + 超级电容"混合驱动的 FCEV

燃料电池和超级电容混合驱动的 FCEV 与燃料电池和辅助蓄电池混合驱动的 FCEV 结构类似，只是把辅助蓄电池换成了超级电容。该动力系统结构有燃料电池和超级电容两个动力源。汽车的功率负荷由燃料电池和超级电容共同承担，即燃料电池和超级电容一起为驱动电机提供能量，驱动电机将电能转化成机械能传给传动系，从而驱动汽车前进。

蓄电池寿命短，成本高，使用要求复杂；而超级电容充放电效率高，能量损失小，比蓄电池功率密度大，在回收制动能量方面比蓄电池有优势，循环寿命长，使用成本低，但是超级电容的能量密度较小。随着超级电容技术的不断进步，这种结构将成为重要的研究课题及发展方向，有利于 FCEV 的商业化推广和应用。

4. "燃料电池+辅助蓄电池+超级电容"混合驱动的 FCEV

燃料电池与蓄电池和超级电容混合驱动的电动汽车的动力系统如图 4-1-5 所示。它是在燃料电池与辅助蓄电池混合驱动的 FCEV 的电压总线上再并联一组超级电容，用于提供加速或吸收紧急制动的尖峰电流，减轻蓄电池负担，延长其使用寿命。

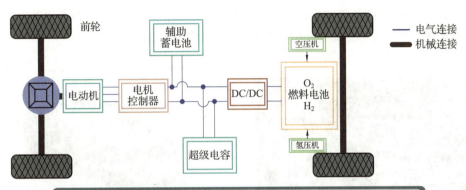

图 4-1-5 "燃料电池+辅助蓄电池+超级电容"混合驱动的 FCEV

这种动力系统结构，燃料电池、蓄电池和超级电容一起为驱动电机提供能量，驱动电机将电能转化成机械能传给传动系统，从而驱动汽车前进；在汽车制动时，驱动电机变成发电机，蓄电池和超级电容将储存回馈的能量。

与"燃料电池+辅助蓄电池"混合驱动的 FCEV 比较，其优势更加明显，尤其是在部件效率、动态特性和制动能量回馈等方面更有优势。在采用燃料电池、辅助蓄电池和超级电容联合供能时，燃料电池的能量输出更为平缓，随时间变化波动较小，而能量需求变化的低频部分由蓄电池承担，能量需求变化的高频部分由超级电容承担。

各动力源的分工更加明细，使得它们的优势也得到了更好的发挥。而其缺点也同样更加明显：
（1）增加了超级电容，整个系统的质量增加。
（2）增加了超级电容，系统更加复杂化，系统控制和整体布置的难度也随之增大。

综上对比 3 种混合驱动的结构形式，"FC+B+C"组合（"燃料电池+辅助蓄电池+超级电容"）被认为能够最大限度地满足整车的起动、加速和制动的动力与效率需求，若能够对系统进行很好的匹配和优化，这种结构在给汽车带来良好的性能方面具有更大的优势，但其成本最高，结构和控制也最为复杂。目前燃料电池电动汽车动力系统的一般结构仍是"FC+B"组合。

实践技能

丰田 Mirai 氢燃料电池汽车结构认知

下面以丰田 Mirai 氢燃料电池汽车为例，说明燃料电池汽车主要结构部件。

1. 车辆准备

准备丰田 Mirai 氢燃料电池汽车一辆，如图 4-1-6 所示。

2. 实践操作

1）认知丰田 Mirai 氢燃料电池汽车主要组件

丰田 Mirai 氢燃料电池汽车主要组件如图 4-1-7 所示，丰田 Mirai 底盘上安装有高压储氢罐、储能电池、燃料电池堆和由动力控制装置、电机组成的动力系统。

图 4-1-6　丰田 Mirai 氢燃料电池汽车

图 4-1-7　丰田 Mirai 氢燃料电池汽车主要组件

2）丰田 Mirai 氢燃料电池汽车工作原理

丰田 Mirai 氢燃料电池汽车工作原理：储氢罐中的氢气与车头吸入的氧气在燃料电池内发生反应，产生的电能驱动电机从而带动车辆；反应产生的剩余电能存入储能电池，如图 4-1-8 所示。

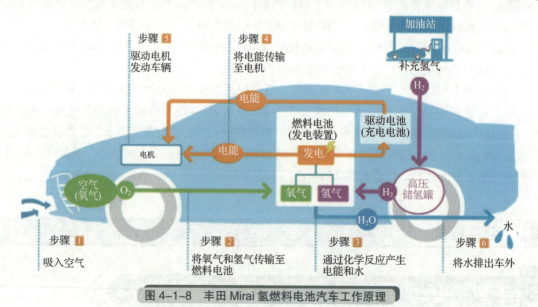

图 4-1-8　丰田 Mirai 氢燃料电池汽车工作原理

3）储氢罐

丰田 Mirai 氢燃料电池汽车储氢罐位于车身后部，如图 4-1-9 所示。两个储气罐容积分别为 60 L 和 62.4 L，最大可存储 5 kg 氢燃料，储气压力可达 70 MPa。储氢罐外观如图 4-1-10 所示。

4）燃料电池（燃料电池堆）

丰田 Mirai 的燃料电池位于前排座椅下方，外观如图 4-1-11 所示。燃料电池是整车的电力来源，在这里氢气与氧气发生反应产生电能。其能量密度可达 3.1 kW/L，发电总功率可达 114 kW。

图 4-1-9　丰田 Mirai 氢燃料电池汽车储氢罐及燃料电池位置

图 4-1-10　丰田 Mirai 氢燃料电池汽车储氢罐

图 4-1-11　丰田 Mirai 燃料电池外观

5）储能电池（可充电电池）

储能电池位于后排座椅后方，如图 4-1-12 所示。储能电池虽然占据了一定的后备箱空间，但其发挥的作用很大。燃料电池组输出剩余的电能和车辆行驶过程中回收的电能都能被它储存起来，供急加速和车载用电器使用。

图 4-1-12　丰田 Mirai 储能电池

6）升压变压器

在新一代燃料电池系统中，发出的电能还需要经过升压变频器的升压才能供给电机使用，最终输出电压由2008年款燃料电池的250 V上升到了650 V，如图4-1-13所示。从其发电功率来看，正好可以满足电机的最大输出需求。

丰田燃料电池堆（发电部分）
类型：固体高分子型
最大功率：114 kW(155PS)
体积功率密度：3.1 kW/L(世界顶级水平)
加湿方式：内循环方式(无加湿器)
世界首创

燃料电池升压变频器
最大输出电压：650 V
相数：4相

辅助组件
氢气循环泵

图4-1-13　丰田Mirai升压变压器

7）电动机（电机）

电动机位于车头，外观如图4-1-14所示。最大输出功率为113 kW，峰值扭矩达到了335 N·m，保证了良好的低速响应。

8）加氢口

加氢口如图4-1-15所示。加满两个储氢罐的时间为3~5分钟。加注燃料所需的时间与普通汽油车加油差不多，比电动车充电快很多。

图4-1-14　丰田Mirai电动机

图4-1-15　丰田Mirai加氢口

9）电源插口

丰田 Mirai 有交流和直流两个电源插口，如图 4-1-16 所示。当住宅停电时，借助车上的电源插口，丰田 Mirai 燃料电池车可以对外供电。通过车上自带的接口，可提供功率为 9kW、共计 60 kWh 的电能；交流充电口可以给笔记本电脑等设备提供电力。

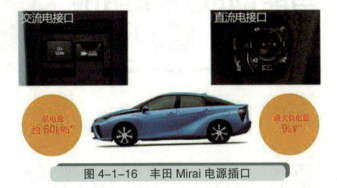

图 4-1-16　丰田 Mirai 电源插口

学习小结

（1）燃料电池电动汽车（Fuel Cell Electric Vehicle, FCEV）是一种用车载燃料电池装置产生的电力作为动力的汽车。车载燃料电池装置所使用的燃料为高纯度氢气或含氢燃料经重整所得到的高含氢重整气。

（2）燃料电池是一种能够持续地通过发生在阳极和阴极的氧化还原反应将化学能转化为电能的能量转换装置。

（3）质子交换膜燃料电池（Proton Exchange Membrane Fuel Cell, PEMFC）的单电池由阳极、阴极和质子交换膜组成，阳极为氢燃料发生氧化的场所，阴极为氧化剂还原的场所，两极都含有加速电极电化学反应的催化剂，一般采用铂/炭或钌/炭为电催化剂，以质子交换膜为电解质，以氢或净化重整气为燃料，以空气或纯氧为氧化剂，以带有气体流动通道的石墨或表面改性的金属板为双极板。

思考题

1. 什么是燃料电池？什么是燃料电池电动汽车？
2. 混合驱动的 FCEV 有何优点？
3. 燃料电池的工作原理是什么？
4. 车载储氢装置的容积和压力是多少？

智能网联汽车组成结构认知

任务导入

小王是无人驾驶汽车爱好者,对无人驾驶技术特别感兴趣,你能向小王介绍一下无人驾驶汽车的关键技术与组成结构吗?

学习目标

1. 能通过查阅相关维修技术资料等方式获取车辆信息;
2. 能叙述发展智能网联汽车的意义;
3. 能正确介绍智能网联汽车的定义与内涵;
4. 能正确介绍智能网联汽车的层级划分;
5. 能正确介绍智能网联汽车的技术架构与关键技术;
6. 能认知智能网联汽车传感器系统、决策系统与执行系统各部件;
7. 能正确介绍智能网联汽车传感器系统、决策系统与执行系统各部件的作用;
8. 能正确规范地对智能网联汽车设备进行安装与调试;
9. 能正确介绍智能网联汽车应用场景及ADAS系统功能。

理论知识

一、发展智能网联汽车的意义

汽车产业是国民经济重要的战略性、支柱性产业,同时汽车也是新技术应用的最佳载体,在以智能化、信息化为重要特征的全球新一轮科技革命和产业转型的推动下,智能网联汽车已经成为汽车工业发展的战略方向。发展智能网联汽车对营造"安全、高效、绿色、文明"的智能汽车社会,满足人民出行需求具有重要意义,也是我国建设汽车强国的重要支撑。

目前各大企业、整车厂、高校及科研院所都致力于自动驾驶技术的研究,已有车型量产,如谷歌无人驾驶汽车、百度无人驾驶汽车和京东无人物流车等。2020 年 1 月，中国武汉爆发新冠肺炎疫情，为减少人员接触造成交叉感染，京东投放了无人智能物流车进行物资的配送。2020 年 2 月 6 日，在武汉市青山区吉林街上，京东智能配送机器人从京东物流仁和站出发，顺利将医疗物资送到了武汉第九医院，完成了疫情爆发后武汉智能配送的第一单，如图 4-2-1 所示。该无人物流车属于无人跟随下的 L4 级别自动驾驶。

图 4-2-1　京东无人物流车

二、智能网联汽车的定义与内涵

中国汽车工业协会指出，智能网联汽车（Intelligent Connected Vehicles，ICV）是指搭载先进的车载传感器、控制器和执行器等装置，并融合现代通信与网络技术，实现车与 X（人、车、路、云端等）的智能信息交换和共享，具备复杂环境感知、智能决策和协同控制等功能，可实现"安全、高效、舒适、节能"行驶，并最终可实现替代人来操作的新一代汽车，如图 4-2-2 所示。智能网联汽车也被称为智能汽车、无人驾驶汽车和自动驾驶汽车等。

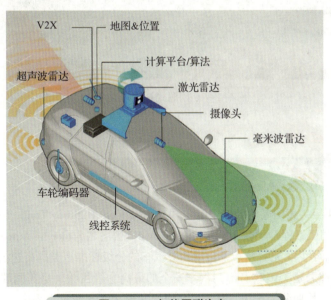

图 4-2-2　智能网联汽车

目前智能网联汽车实现方式可以分为自主式和网联式两大技术路线。自主式智能网联汽车通过搭载先进的自主传感器（如配置高精度的激光雷达、摄像机等）来感知车辆周边环境，并由计算设备来决策、控制车辆行为，实现智能驾驶，如谷歌和百度等公司设计的无人驾驶汽车，如图 4-2-3 所示。自主式汽车属于单车智能化，不依赖其他车辆是否智能，对道路基础设施改造要求低。但是单车智能化成本高，比如 64 线的激光雷达需要几十万元，还存在复杂场景下虚警、漏警以及探测距离有限等问题。

图 4-2-3　自主式智能网联汽车

网联式智能网联汽车可以通过通信与网络技术，更全面地获取周边车辆与环境信息并进行决策，以实现各交通要素间的信息共享与控制协同，如图 4-2-4 所示。未来，自主式与网联式的技术路线将深度融合，实现"智能 + 网联化"发展。

图 4-2-4　网联式智能网联汽车

三、智能网联汽车层级划分

2013 年和 2014 年，美国高速公路安全管理局（National Highway Traffic Safety Administration，NHTSA）和国际自动机工程师学会（SAE International，曾用名 Society of Automotive Engineers，原译：国际汽车工程师学会）先后发布了自动驾驶汽车的分级标准。美国高速公路安全管理局（美国高速公路安全管理局是美国政府部门汽车安全的最高主管机关，是美国政府部门车辆安全监管的权威性机构）将其划分为 5 级，从 L0 至 L4，如图 4-2-5 所示。图中，IPA：自动泊车辅助系统；ACC：自适应巡航；LKA：车道保持辅助系统；ESC：车身稳定控制系统；AEB：自动紧急制动系统；FCW：预碰撞警示系统；LDW：车道偏离警示系统；BSD：盲点监测系统；V2V：V2V通信技术，可以监测街上行驶的其他车辆的速度、位置等对其他驾驶员无法开放的"隐藏"数据。

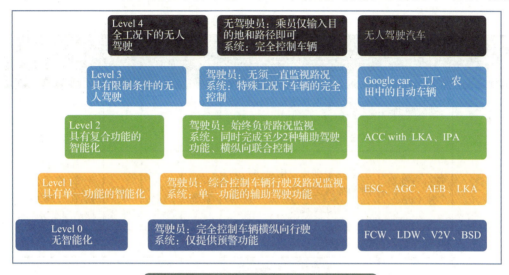

图 4-2-5　NHTSA 汽车智能化的分级

美国 SAE 也对汽车智能化进行了分级，如图 4-2-6 所示。

L0：无自动化，驾驶员负责监视路况和车辆的全部驾驶操作。

L1：驾驶辅助，通过驾驶环境对方向盘和加减速中的一项操作提供驾驶支持，其他的驾驶动作都由人类驾驶员进行操作。

L2：部分自动化，通过驾驶环境对方向盘和加减速中的多项操作提供驾驶支持，其他的驾驶动作都由人类驾驶员进行操作。

L3：有条件自动化，由自动驾驶系统完成所有的驾驶操作。根据系统要求，人类驾驶者提供适应的应答。

L4：高度自动化，由自动驾驶系统完成所有的驾驶操作。根据系统要求，人类驾驶者不一定需要对所有的系统请求作出应答，适用于限定道路和环境条件等。

L5：完全自动化，在所有人类驾驶者可以应付的道路和环境条件下，均可以由自动驾驶系统自主完成所有的驾驶操作。

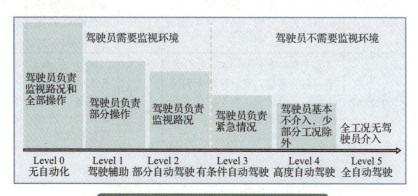

图 4-2-6　美国 SAE 汽车智能化分级

我国于 2016 年 10 月发布《节能与新能源汽车技术路线图》，以 SAE 分级定义为基础，考虑中国道路交通情况的复杂性，加入了对应级别下智能系统能够适应的典型工况特性，从智能化和网联化两个层面明确各自分级，如表 4-2-1 和表 4-2-2 所示。

表 4-2-1 智能化分级

智能化等级	等级名称	等级定义	控制	监视	失效应对	典型工况
		人监控驾驶环境				
1	驾驶辅助（DA）	系统根据环境信息执行转向和加减速中的一项操作，其他驾驶操作都由人完成	人与系统	人	人	车道内正常行驶，高速公路无车道干涉路段，停车工况
2	部分自动驾驶（PA）	系统根据环境信息执行转向和加减速操作，其他驾驶操作都由人完成	人与系统	人	人	高速公路及市区无车道干涉路段，换道、环岛绕行、拥堵跟车等工况
		自动驾驶系统监控驾驶环境			/	
3	有条件自动驾驶（CA）	系统完成所有驾驶操作，根据系统请求，驾驶者需要提供适当的干预	系统	系统	系统	高速公路正常行驶工况，市区无车道干涉路段
4	高度自动驾驶（HA）	系统完成所有驾驶操作，特定环境下系统会向驾驶者提出响应请求，驾驶者可以对系统请求不进行响应	系统	系统	系统	高速公路全部工况及市区有车道干涉路段
5	完全自动驾驶（FA）	系统可以完成驾驶者能够完成的所有道路环境下的操作，不需要驾驶者介入	系统	系统	系统	所有行驶工况

表 4-2-2 网联化等级

网联化等级	等级名称	等级定义	控制	典型信息	传输需求
1	网联辅助信息交互	基于车-路、车-后台通信，实现导航等辅助信息的获取以及车辆行驶与驾驶者操作等数据的上传	人	地图、交通流量、交通标志、油耗和里程等信息	传输实时性、可靠性要求较低
2	网联协同感知	基于车-车、车-路、车-人、车-后台通信，实时获取车辆周边交通环境信息，与车载传感器的感知信息融合，作为自车决策与控制系统的输入	人与系统	周边车辆/行人/非机动车位置、信号灯相位、道路预警等信息	传输实时性、可靠性要求较高

续表

网联化等级	等级名称	等级定义	控制	典型信息	传输需求
3	网联协同决策与控制	基于车–车、车–路、车–人、车–后台通信,实时并可靠获取车辆周边交通环境信息及车辆决策信息,车–车、车–路等各交通参与者之间信息进行交互融合,形成车–车、车–路等各交通参与者之间的协同决策与控制	人与系统	车–车、车–路间的协同控制信息	传输实时性、可靠性要求最高

四、智能网联汽车技术架构与关键技术

1. 智能网联汽车技术架构

智能网联汽车融合了自主式智能汽车与网联式智能汽车的技术优势,涉及汽车、信息通信和交通等诸多领域,其技术架构较为复杂,可划分为"三横两纵"式技术架构,如图 4-2-7 所示。

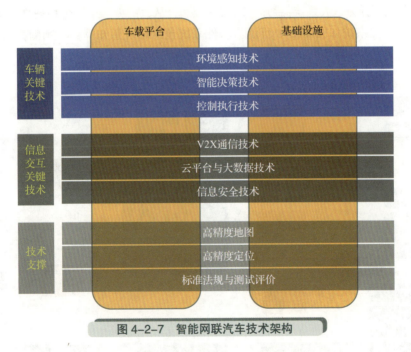

图 4-2-7 智能网联汽车技术架构

"两纵"是指支撑智能网联汽车发展的车载平台和基础设施条件。"三横"是指智能网联汽车主要涉及的车辆、信息交互与基础支撑三大领域的关键技术。

(1) 环境感知技术:包括利用机器视觉的图像识别技术,利用雷达(激光、毫米波、超声波)的周边障碍物检测技术,多源信息融合技术,传感器冗余设计技术等。

(2) 智能决策技术:包括危险事态建模技术,危险预警与控制优先级划分,群体决策和协同技术，局部轨迹规划，驾驶员多样性影响分析等。

（3）控制执行技术：包括面向驱动与制动的纵向运动控制，面向转向的横向运动控制，基于驱动、制动、转向和悬架的底盘一体化控制，融合车联网（V2X）通信及车载传感器的多车队列协同和车路协同控制等。

（4）V2X 通信技术：包括车辆专用通信系统，实现车间信息共享与协同控制的通信保障机制，移动自组织网络技术，多模式通信融合技术等。

（5）云平台与大数据技术：包括智能网联汽车云平台架构与数据交互标准，云操作系统，数据高效存储和检索技术，大数据的关联分析和深度挖掘技术等。

（6）信息安全技术：包括汽车信息安全建模技术，数据存储、传输与应用三维度安全体系，汽车信息安全测试方法，信息安全漏洞应急响应机制等。

（7）高精度地图与高精度定位技术：包括高精度地图数据模型与采集式样、交换格式和物理存储的标准化技术，基于北斗地基增强的高精度定位技术，多源辅助定位技术等。

（8）标准法规：包括 ICV 整体标准体系，以及涉及汽车、交通、通信等各领域的关键技术标准。

（9）测试评价：包括 ICV 测试评价方法与测试环境建设。

2. 智能网联汽车关键技术

智能网联汽车分为三大系统：感知、决策和控制，从大的方面来讲包括硬件和软件两部分，智能网联汽车硬件系统如图 4-2-8 所示。软件系统包括融合感知算法、预测算法、路径规划算法以及人机交互软件等。

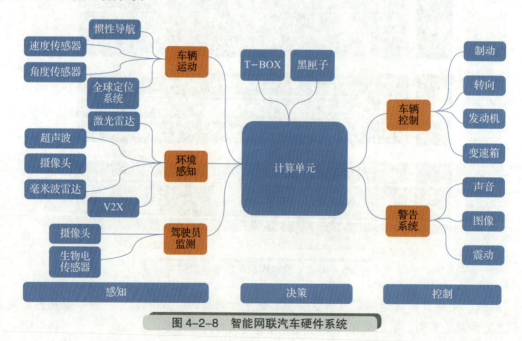

图 4-2-8　智能网联汽车硬件系统

感知系统分为车辆运动、环境感知和驾驶员监测三部分。车辆运动主要分为惯性导航、速度传感器、角度传感器和全球定位系统。环境感知主要分为激光雷达、超声波、摄像头、毫米波雷达、V2X。驾驶员监测主要分为摄像头和生物电传感器。

决策系统分为计算单元、T-BOX和黑匣子三部分。计算单元是自动驾驶感知决策控制的算法。目前自动驾驶用的是X86结构的服务器或工控机。T-BOX即Telematics BOX，是车联网的通讯网关，它上接互联网下接CAN总线。例如手机上APP发送的开关门指令，都是通过T-BOX网关将操作指令发送到CAN总线来进行操控的。黑匣子用来记录无人驾驶过程中所有的信息和状态。

控制系统部分分为车辆控制和警告系统。车辆控制主要分为制动、转向、发动机和变速箱，警告系统主要分为声音、图像和震动。

五、智能网联汽车环境感知传感器

智能网联汽车的环境感知相当于人的眼睛，决策控制相当于人的大脑，执行结构相当于人的手和脚，感知、决策、控制三者协同工作，替代人的驾驶操作。环境感知传感器主要有摄像头、激光雷达、毫米波雷达和组合导航等，如图4-2-9所示。

摄像头主要是用于车道线、交通标识牌、红绿灯、车辆和行人的检测。它的优点是检测信息全面且价格便宜，缺点是性能受天气影响较大。摄像头又分为单目摄像头、双目摄像头和环视摄像头等。

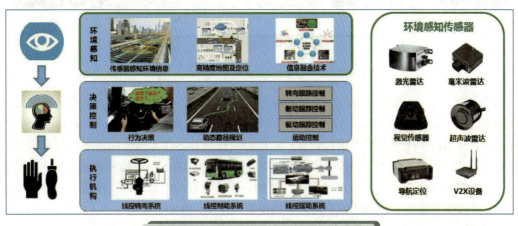

图4-2-9 智能网联汽车环境感知传感器

激光雷达的核心原理是TOF（Time of Flight），即一束光射出，在碰到障碍物后，光会发生回波，并在光电二极管上进行接收和计算光折返的距离，解调出目标的位置信息。除此之外，通过建模，还能识别物体。根据它的扫描原理激光雷达可以分为同轴旋转、棱镜旋转、MEMS、OPA相控阵以及Flash雷达。激光雷达不仅用于感知，也可用来测绘地图和定位。激光雷达一般都说明产品是多少线，这个线就是指同时有多少束激光在扫描，如图4-2-10所示。

毫米波雷达主要用于交通车辆的检测，如图4-2-11所示。毫米波雷达主要由射频天线、芯片和算法组成，基本原理是发射一束电磁波，然后观察电磁波回波的摄入差异来计算距离和速度。它的优点是检测速度快且较准确，不受天气情况干扰，缺点是不能对车道线进行识别检测。

激光雷达点云数据

图 4-2-10 激光雷达

（a）激光雷达激光束；（b）激光雷达点云图

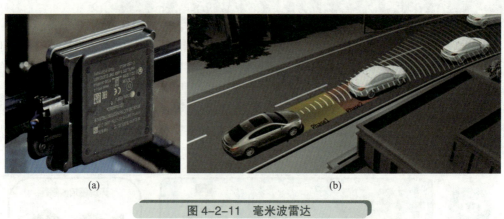

图 4-2-11 毫米波雷达

（a）毫米波雷达；（b）毫米波雷达探测车辆

组合导航是通过 GNSS（Global Navigation Satellite System，全球导航卫星系统）板卡接收所有可见的 GPS（Global Positioning System，全球定位系统）或 BDS（BeiDou Navigation Satellite System，北斗系统）卫星信号并进行计算，从而得出被检物体在大地坐标系中的空间位置。当车辆通过隧道、有建筑物群和树荫遮挡等路段时，GPS 信号/BDS 卫星信号被遮挡而不能提供很好的计算和实时导航，所以在这种情况下需要融合惯性导航的信息。惯性导航是一个完全封闭的系统，不受外界影响，可以直接给出车身的位置、速度和姿态，如图 4-2-12 所示。

图 4-2-12 组合导航

（a）组合导航主机；（b）GNSS 天线

环境感知传感器的一般安装位置如图 4-2-13 所示，这些传感器包括 Velodyne HDL-64E 激光雷达、工业灰度摄像头、Mobileye EyeQ5 单目摄像头、德尔福 ESR 毫米波雷达、德尔福 RSDS 侧后方雷达、Ibeo LUX 激光雷达、超声波传感器、GPS 天线+高精度 IMU（惯性测量单元）。激光雷达是 360° 旋转的，所以它安装在车顶；毫米波雷达的指向性很强，所以它一般安装在前后保险杠上；考虑到车身在道路上存在俯仰和姿态的干扰，所以组合导航系统一般安装在两个后车轮的中轴线上；车身的 360° 都会安装摄像头。

图 4-2-13　环境感知传感器的一般安装位置
（a）车辆前部；（b）车辆后部

六、智能网联汽车决策系统

智能网联汽车决策系统如图 4-2-14 所示，用户通过人机交互系统给智能网联汽车输入目的地，决策系统依据驾驶任务和地图、定位等信息，做出全局路径规划，并融合感知信息，对障碍物的运动进行预测，然后规划出本车相应的行驶轨迹，同时结合道路法规等信息，确定合理的驾驶行为，并将指令通过 CAN 总线传送至车辆底盘控制系统。

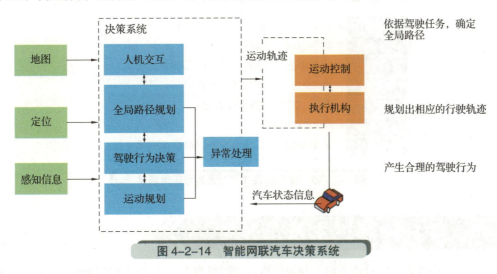

图 4-2-14　智能网联汽车决策系统

七、智能网联汽车执行系统

智能网联汽车执行系统主要是线控底盘，包括线控转向、线控制动和线控油门，如图 4-2-15 所示，线控底盘的关键部件，如驱动电机、制动器、助力转向系统、ABS 等，国内外很多企业都在进行研究，并有产品推出。其中在驱动电机领域，国内领先的品牌有精进、松正等，国外主要是西门子。

智能网联汽车工作时，线控底盘通过 CAN 总线接收决策系统发来的命令，对车辆进行减速控制、转向控制和加速控制。

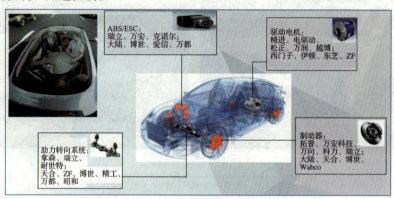

图 4-2-15　智能网联汽车执行系统

八、智能网联汽车应用场景

受限于法律环境、社会接受度和技术发展等问题，目前我国尚无社会道路供无人驾驶应用。但针对机场、港口、矿区、工业园区和旅游景区等相对封闭区域和物流、环卫、自主泊车（代客泊车）等场景，已经有大量示范运行。目前智能网联汽车七大典型应用场景如图 4-2-16 所示，在特定场景的无人驾驶示范应用也将极大促进技术和产业的发展。

物流	装卸、运输、仓储等——苏宁"行龙一号"、京东等
共享出行	北汽、百度、滴滴等
公共交通	线路固定——宇通、金龙等；无人驾驶出租车
环卫	线路固定——百度、四图维新等
港口码头	青岛、厦门、天津等城市的港口
矿山开采	纯电动矿用卡车
零售	无人驾驶销售车；北京世园会园区、河北雄安新区

图 4-2-16　智能网联汽车七大典型应用场景

九、智能网联汽车发展趋势

作为汽车产业发展的战略方向，我国已将智能网联汽车产业的创新发展纳入国家顶层规划。

《中国制造 2025》将智能网联汽车列为重点技术领域，2017 年工信部等三部委发布《汽车产业中长期发展规划》，提出"以新能源汽车和智能网联汽车为突破口，引领产业转型升级"，实现由汽车大国向汽车强国转变，明确要求：到 2020 年，汽车 DA（驾驶辅助）、PA（部分自动驾驶）、CA（有条件自动驾驶）系统新车装配率超过 50%，网联式驾驶辅助系统装配率达到 10%，满足智慧交通城市建设需求；到 2025 年，汽车 DA、PA、CA 新车装配率达 80%，其中 PA、CA 级新车装配率达 25%，HA（高度自动驾驶）和 FA（完全自动驾驶）汽车开始进入市场，如图 4-2-17 所示。

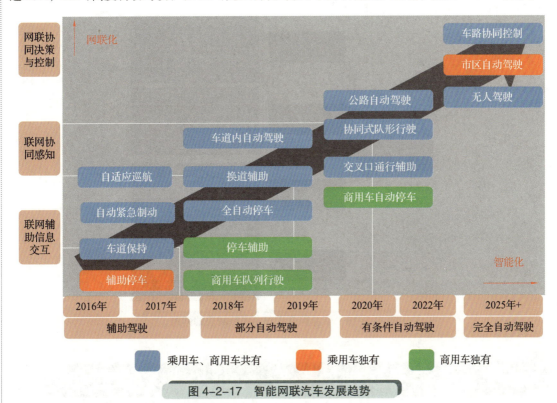

图 4-2-17 智能网联汽车发展趋势

为推动汽车智能化、网联化技术发展和产业应用，2018 年 4 月工信部、公安部、交通部印发《智能网联汽车道路测试管理规范（试行）》，对规范各地开展无人驾驶路试起到指导性作用。目前，我国已经有北京、上海、深圳、重庆、长春、长沙、广州、福建、天津、武汉、济南、杭州、保定等十余个城市开展智能网联汽车道路测试，如图 4-2-18 所示。道路测试的开展将加快我国智能网联汽车产业技术的迭代步伐，增强对中国道路交通环境的适应性，推动产业进步。

图 4-2-18 智能网联汽车道路测试
（a）自动驾驶封闭场地测试基地（北京）；（b）自动驾驶封闭场地测试基地（西安）；
（c）自动驾驶封闭场地测试基地（重庆）

十、智能网联汽车发展待解决的问题

智能网联汽车的发展涉及技术、管理、法律、社会等多个方面,如图 4-2-19 所示,在自动驾驶关键技术、车辆测试与评价、交通事故责任认定、伦理选择等方面还存在很多的问题,需要逐渐解决和完善。

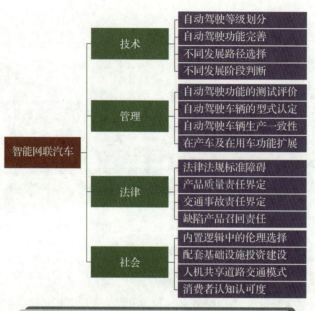

图 4-2-19　智能网联汽车发展待解决的问题

十一、高级驾驶辅助系统（ADAS）功能介绍

现阶段,高级驾驶辅助系统（Advanced Driver Assistance System, ADAS）普遍应用,主要是利用车辆搭载的摄像头,配合雷达、激光传感器等设备,通过电脑对人们驾驶的车辆进行必要的辅助,并以此保证驾驶安全,主动巡航、车道保持、碰撞预警、疲劳监测等都属于 ADAS 系统内的功能。下面对部分 ADAS 功能进行介绍。

1. 自适应巡航控制系统（Adaptive Cruise Control, ACC）

ACC 原理：设置跟车距离,长距离毫米波雷达实时监测前方汽车,通过对发动机和制动器的控制,使自车与前车始终保持在设定的距离。这样驾驶员就可以解放双脚,如图 4-2-20 所示。

2. 自动紧急制动（Autonomous Emergency Braking, AEB）

AEB 系统是自动紧急制动系统,利用雷达侦测和前车的距离,并经由 ECU 做出分析,根据不同的距离和速度做出警报,如果做出警报显示后驾驶者并无任何反应,当安全距离小于范围内时，AEB 系统就会启动，自动介入汽车的刹车系统，借此降低和前车车辆（人物）的碰撞机率，如图 4-2-21 所示。

图 4-2-20　自适应巡航

图 4-2-21　自动紧急制动

3. 盲点检测（Blind Spot Monitoring，BSM）

盲点检测系统，通过车辆周围排布的防撞雷达、多普勒雷达、红外雷达等传感器以及盲点探测器等设施，监测自车后侧方盲区内其他汽车的系统，用以提醒驾驶员后侧方存在碰撞风险，请勿变道。该功能的实现依赖于后侧方向毫米波雷达对障碍物的检测能力，并以此为根据对驾驶员进行预警，也用于侧向辅助，如图 4-2-22 所示。

4. 驾驶员监测系统（Driver Monitoring Systems，DMS）

驾驶员监测系统是指运用生物感应系统或摄像机进行面部识别等方法来检测驾驶员的注意力。如果检测到驾驶员疲劳驾驶有危险时，系统就会用闪光、刺耳的声音或方向盘的震动来警示驾驶员，如图 4-2-23 所示。

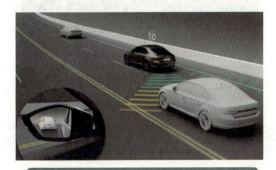

图 4-2-22　盲点检测

图 4-2-23　驾驶员监测

5. 车道偏离预警（Lane Departure Warning，LDW）

车道偏离预警系统主要由摄像头、控制器以及传感器等组成。LDW 仅提供预警功能，汽车回到车道内行驶需要驾驶员手动控制方向盘，如图 4-2-24 所示。在预警的基础上，LDW 可以升级到更高级的车道保持辅助系统（Lane Keep Assist，LKA），在驾驶员未对警告信息做处理的情况下，汽车自动回正方向盘，并保持车辆在本车道内行驶。

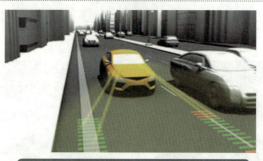

图 4-2-24　车道偏离预警

6. 交通信号及标志牌识别（Road Sign Recognition，RSR）

利用摄像头等传感器，车辆能够自动识别交通信号或者标志牌，比如最高限速或停车等标示，如图 4-2-25 所示。

7. 自动泊车（Automatic Parking Assistance，APA）

自动泊车系统通过安装在车身上的摄像头、超声波传感器以及红外传感器，探测停车位置，绘制停车地图。汽车缓缓驶过库位时，汽车侧方的超声波雷达可以探测到侧方是否存在一个空闲的空间，使得汽车能够泊入其中，如图 4-2-26 所示。

图 4-2-25　交通信号及标志牌识别

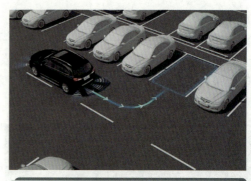

图 4-2-26　自动泊车

拓展阅读

国家级智能网联汽车测试示范区

多个城市相继发布智能网联汽车上路测试的有关政策法规，开创了国内开展智能网联汽车路试的先例，使国内各相关企业可以不必远渡重洋进行路试，既解决了企业的迫切需求，也使企业在此方面的成本大大降低。可以预见随着时间推移，将会有更多的城市开放测试环境，使国内各企业能够有充裕的环境开展路试工作。但是，开放路试还仅仅是第一步，今后各地还要根据需求加紧建设测试环境和设施，能够真正构建智能网联汽车的测试需求环境，同时还要完善智能网联汽车相关法规的建设，使智能网联汽车的发展能够有政策法规进行规范。

我国目前正在规划或建设的智能网联汽车测试及示范基地主要分为两类：一类是由国家相关部委联合地方政府批复，由相关企业或研究机构承担建设的封闭测试场地，目前主要以工信部和交通部为主。另一类是在地方政府的支持下，由高校、车企、研究机构自主建设的测试道路或示范区。自2015年以来，其中由国家工信部牵头批复建设的示范区，共有上海市、浙江省、北京市、河北省、重庆市、湖北省、吉林省和江苏省等7个国家级智能网联汽车测试示范区，为我国智能网联汽车的发展提供测试示范支持，如表4-2-3所示。

表4-2-3 截至2018年国家工信部牵头批复建设的示范区

地区	时间	示范区名称	建设现状
上海	2015年6月	国家智能网联汽车上海试点示范区	截至2018年，上海示范区已完成200多种测试场景的搭建，在部分区域已达到1 000辆以上的示范车辆规模，示范区内累计测试里程接近10 000 km
浙江	2015年9月	国家智能网联汽车与智慧交通浙江（杭州）示范区	在中国移动5G网络的助力下，云栖小镇已经初步建成5G车联网应用示范项目。桐乡方面，一期成果也已进入了全面试运行阶段
京冀	2016年1月	国家智能汽车与智慧交通京冀示范区	截至2018年7月，北京市自动驾驶车辆道路测试已经安全行驶超过33 000 km，涵盖了京津冀地区城市、乡村和高速85%的交通场景。示范区的最大特点是智能汽车与智慧交通同步进行，目前北京首条长达12 km的车联网专用道路已经正式落地
重庆	2016年1月	国家智能网联汽车与智慧交通重庆示范区	目前，重庆试验区一期已经在重庆市两江新区建成了占地约410亩的智能网联汽车模拟城市交通场景测试区；二期将建成占地3 500亩的综合测试试验区
长春	2016年11月	国家智能网联汽车与智慧交通吉林（长春）示范区	2017年8月，国家智能网联汽车应用（北方）示范区在长春净月高新区启明软件园正式开工。2019年，东北智能网联汽车示范应用将正式进入实操阶段
武汉	2016年11月	国家智能网联汽车与智慧交通湖北（武汉）示范区	武汉示范区将依托示范区建设，构建新业态、新模式，牵引新能源汽车与智能网联汽车以及智慧交通产业的研发和产业化
无锡	2016年11月	国家智能交通综合测试基地（无锡）	无锡国家智能交通综合测试基地以"智能车特色小镇"为核心，规划了封闭测试区和开放测试区两类测试基地，总规划面积为178亩，两年内计划扩展至208亩

2018年初，为规范引导自动驾驶封闭场地测试工作，推进自动驾驶技术发展，依据《自动驾驶封闭测试场地建设技术指南（暂行）》，交通运输部组织开展了自动驾驶封闭试验场地测试基地认定工作。长安大学、交通运输部公路科学研究院和招商局重庆车辆检测研究院三家单位通过认定，如表4-2-4所示。2018年7月，交通运输部为三家测试基地依托单位授牌。

表 4-2-4 截至 2018 年国家交通运输部批复认定的示范区

单位	示范区名称	建设现状
长安大学	长安大学车联网与智能汽车试验场	目前已开展了大量的 2x、智能汽车、AA 应用测试及验证工作，并获得了大量的研究成果。2016 年 2 月，与中国移动、清华大学开展"车联网"教育部—中国移动联合实验室共建。2017 年 3 月，联合清华大学、中国移动等 20 多家单位发起成立"车联网与智能汽车测试技术创新联盟"，联合开展车联网与智能汽车测试相关关键技术的研究与开发
交通运输部公路科学研究院	交通部公路交通综合试验场	目前已建成自动加强研究与测试相关方向实验室 5 个，初步具备自动驾驶车辆在高速公路、一般公路、城市道路场景的功能测试能力，并依托动态广场、高速环道、长直线性能路具备部分自动驾驶功能的性能评测能力
招商局重庆车辆检测研究院	交通运输部认定自动驾驶封闭场地测试基地（重庆）	目前已开展了大量 ADAS、V2X 及自动驾驶测试，为 50 多家车厂及零部件厂商提供测试验证及评价服务，支持 48 种自动驾驶与车路协同测试应用场景，其中网联同类场景 28 个，自动驾驶类 20 个

实践技能

下面以 2019 年中国技能大赛——全国新能源汽车关键技术技能大赛机动车检测工（新能源汽车智能化技术）赛项指定的智能网联汽车实操竞赛平台为例，进行智能网联汽车组成结构认知以及传感器的安装与调试，详细介绍请参考《2019 年中国技能大赛——全国新能源汽车关键技术技能大赛机动车检测工（新能源汽车智能化技术）赛项智能网联汽车实操竞赛平台操作指南》。

一、智能网联汽车组成结构认知

1. 车辆准备

准备智能网联汽车实操车辆一辆，如图 4-2-27 所示。

2. 实践操作

1）认知智能网联汽车实操平台主要组件

智能网联汽车实操平台由组成部件模块和算法功能模块构成。组成部件包括底盘和台架两大部分。底盘部分包含可实现基本移动功能的能对外供电的车辆底盘、与底盘配套使用的操控遥控器、总

图 4-2-27 智能网联汽车实操竞赛车辆

急停遥控器以及车体急停按钮等部件；台架部分包括实现自主驾驶功能所需的激光雷达、毫米波雷达、环视摄像头、组合导航定位模块、4G路由器、交换机、控制器、报警灯及远程急停遥控器等部件，如图 4-2-28 所示。

图 4-2-28　智能网联汽车实操平台主要组件

2）认知智能网联汽车实操平台各传感器用途

AGX 平台（自动驾驶汽车开发平台）主要依赖组合导航定位系统实现定位与导航，通过毫米波雷达与激光雷达辅助进行环境感知，实现多种传感器数据的综合判断，控制车辆行驶，实现停障和避障等功能。车辆传感器主要包括组合导航定位系统、激光雷达、毫米波雷达和环视摄像头。各传感器实物图及用途如表 4-2-5 所示。

表 4-2-5　智能网联汽车实操平台各传感器实物图及用途

名称	传感器实物图	传感器用途
组合导航定位系统		利用惯导系统结合差分 GPS 定位系统，实现厘米级定位和航向解算，为车辆提供位置和航向信息。此系统是自动驾驶功能依赖的最基本传感器。自动驾驶的主要工作是按照事先规划的路线，根据组合导航系统反馈的位置信息循线行驶

续表

名称	传感器实物图	传感器用途
毫米波雷达		毫米波雷达可以探测车辆前方障碍物，激光雷达可以探测车辆四周障碍物，二者信息结合后，车辆可实现对于行驶路线上障碍物的感知，从而做出停车或者变道绕行等决策
激光雷达		
环视摄像头		环视摄像头分布于车辆前后左右四个方向并借助图像校正和拼接技术，提供车辆四周的全景视图，辅助车辆的驾驶

智能网联汽车实操平台算法功能模块包括数据解析、数据处理、感知融合、融合定位、地图构建及即时定位处理模块等。

二、智能网联汽车设备安装与调试

设备的安装以平台整洁、线束规整为原则，具体设备的安装介绍如下。

1. 路由器的安装

选取 4G 路由器 1 台，接插件 2 个，将 4G 路由器初步安装于操作平台上，如图 4-2-29 所示。

(a) (b) (c)

图 4-2-29 安装路由器
（a）接插件；（b）路由器；（c）安装位置

2. 交换机的安装

选取交换机 1 台，接插件 2 个，将交换机初步安装于操作平台上，如图 4-2-30 所示。

图 4-2-30　安装交换机

（a）交换机；（b）安装位置

3. AGX 处理器的安装

选取 AGX 处理器一台，接插件 2 个，将 AGX 处理器初步安装于操作平台上，如图 4-2-31 所示。

图 4-2-31　安装 AGX 处理器

（a）AGX 处理器；（b）安装位置

学习情境 4　燃料电池汽车及智能网联汽车认知

4. 组合导航定位系统的安装

1）组合导航系统数据线连接方式

组合导航系统数据线连接方式如图 4-2-32 所示，包含设备主机、GNSS 天线、4G 天线和航空数据线。

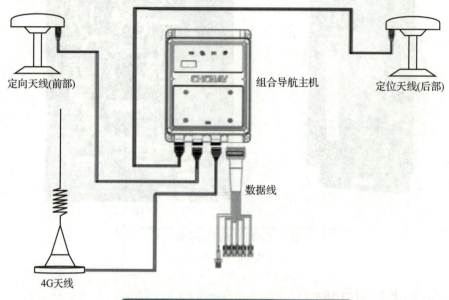

图 4-2-32　组合导航系统数据线连接方式

2）GNSS 天线安装

GNSS 天线分别旋拧到车前后向两个 GNSS 天线支架上，安装时要保证两个 GNSS 天线相位中心形成的连线与测试载体中心轴线方向一致或平行，并将 4G 天线底端磁铁吸于台架上方，如图 4-2-33 所示。

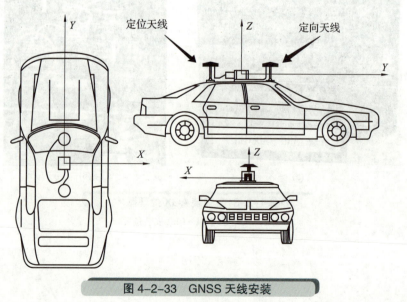

图 4-2-33　GNSS 天线安装

3）组合导航主机安装

组合导航主机安装前要进行 SIM 卡的检查：用十字螺丝刀拧开 SIM 卡盖子的四个螺丝，取出 SIM 卡盖后，检查是否有 SIM 卡以及 SIM 卡是否正常安装，如图 4-2-34 所示。

组合导航主机的安装：选取组合导航主机 1 台，接插件 4 个，将主机安装在操作平台上，主机铭牌上标示的坐标系面尽量与载体被测基准面平行，Y 轴与载体前进方向中心轴线平行，如图 4-2-35 所示。

注意：主机单元必须与被测载体固连，主机安装底面应平行于被测载体的基准面，主机铭牌上标示的 Y 轴指向必须与被测载体的前进方向一致。

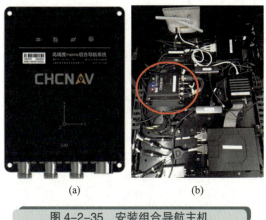

图 4-2-35　安装组合导航主机
（a）组合导航主机；（b）安装位置

图 4-2-34　检查 SIM 卡

4）毫米波雷达的安装与调试

毫米波雷达的安装：毫米波雷达安装于车的前方，首先选取毫米波雷达 1 台，内六角螺栓 M5*3 个，然后旋拧螺栓将毫米波雷达固定于车辆前方。

毫米波雷达的调试：将毫米波雷达的安装位置进行调整，通过滑轨将毫米波雷达调整至 X 方向的中间位置，Z 方向保证毫米波雷达上下边缘不能与保险杠框架接触，并保持 1~2 cm 的距离；用水平测量仪对模拟波雷达的俯仰角和偏转角进行调整，保证毫米波雷达的俯仰角不超过 1°；调整好位置后，用内六角扳手调整顶丝对毫米波雷达调节转轴进行固定以防运行过程晃动。

5）激光雷达的调试

激光雷达主机位于台架上，安装时只需选取激光雷达电源盒 1 台，接插头 2 个，将激光雷达电源盒初步安装于操作平台上。通过台架上的滑轨，将激光雷达调整至车身的 X 方向和 Y 方向的正中间位置，调整 Z 轴高度，保证其扫描范围不被摄像头支撑架遮挡。

调整好位置后，用内六角扳手调整顶丝对激光雷达调节转轴进行固定以防运行过程晃动。

6）摄像头的安装与调试

摄像头安装于台架前后左右的四个方向，安装步骤如下：选取检测后显示正常的摄像头，螺丝 4 个；将摄像头电源线穿入台架上方摄像头安装位置的安装孔；旋拧螺丝，将摄像头初步固定于台架上，对 4 个摄像头均做如上操作，固定于各自台架上。

摄像头的调试：通过台架上的滑轨，将前后摄像头调至 X 方向中间位置，Z 方向调至同样高度；将左右摄像头调至 Y 方向的中间位置，Z 方向调至同样高度；调整摄像头的俯仰角度，保证摄像头能水平看到周围环境。

5. 线束连接

整车控制线束连接图如图 4-2-36 所示，整车电源线束连接图如图 4-2-37 所示，按线束图连接好各线束。

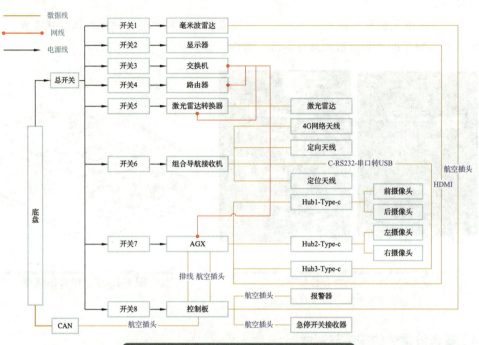

图 4-2-36　整车控制线束连接图

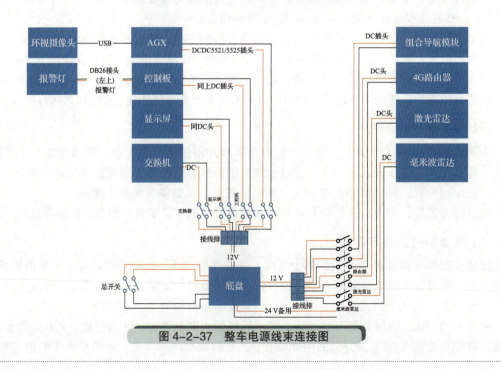

图 4-2-37　整车电源线束连接图

学习小结 →

（1）智能网联汽车（Intelligent Connected Vehicles，ICV）是指搭载先进的车载传感器、控制器和执行器等装置，并融合现代通信与网络技术，实现车与X（人、车、路、云端等）的智能信息交换、共享，具备复杂环境感知、智能决策和协同控制等功能，可实现"安全、高效、舒适、节能"行驶，并最终可实现替代人来操作驾驶系统的新一代汽车。

（2）智能网联汽车也被称为智能汽车、无人驾驶汽车和自动驾驶汽车等。

（3）自主式智能网联汽车通过搭载先进的自主传感器（如配置高精度的激光雷达、摄像机等）来感知车辆周边环境，并由计算设备决策、控制车辆行为，实现智能驾驶。

（4）网联式智能网联汽车可以通过通信与网络技术，更全面地获取周边车辆与环境信息并进行决策，以实现各交通要素间的信息共享与控制协同。

（5）有条件自动驾驶（CA）：系统完成所有驾驶操作，根据系统请求，驾驶者需要提供适当的干预。

（6）"两纵"是指支撑智能网联汽车发展的车载平台和基础设施条件。"三横"是指智能网联汽车主要涉及的车辆、信息交互与基础支撑三大领域的关键技术。

（7）感知系统分为汽车运动、环境感知和驾驶员监测三部分。车辆运动主要分为惯性导航、速度传感器、角度传感器和全球定位系统。环境感知主要分为激光雷达、超声波、摄像头、毫米波雷达和V2X。驾驶员监测主要分为摄像头和生物电传感。

（8）决策系统依据驾驶任务和地图、定位等信息，做出全局路径规划，并融合感知信息，对障碍物的运动进行预测，然后规划出本车相应的行驶轨迹，同时结合道路法规等信息，确定合理的驾驶行为，并将指令通过CAN总线传送至车辆底盘控制系统。

学习小结 →

1. 什么是智能网联汽车？
2. 我国智能网联汽车的层级是如何划分的？
3. 智能网联汽车有哪些关键技术？
4. 智能网联汽车目前有哪些典型应用场景？
5. 你能说出哪些典型的ADAS系统？

参考文献

［1］崔胜民．新能源汽车概论［M］．第2版．北京：北京大学出版社，2015．

［2］银石立方科技（北京）有限公司．新能源汽车概论［M］．北京：人民交通出版社，2016．

［3］节能与新能源汽车技术路线图战略咨询委员会，中国汽车工程学会．节能与新能源汽车技术路线图［M］．北京：机械工业出版社，2016．

［4］崔胜民．新能源汽车技术解析［M］．北京：化学工业出版社，2016．

［5］王庆年，曾小华，等．新能源汽车关键技术［M］．北京：化学工业出版社，2017．

［6］赵航，史广奎．混合动力电动汽车技术［M］．北京：机械工业出版社，2012．

［7］程振彪．燃料电池汽车：新能源汽车最具战略意义的突破口［M］．北京：机械工业出版社，2016．

［8］陈维荣，李奇．质子交换膜燃料电池系统发电技术及其应用［M］．北京：科学出版社，2016．

［9］王志成，等．燃料电池与燃料电池汽车［M］．北京：科学出版社，2017．

［10］陈慧岩，等．无人驾驶汽车概论［M］．北京：北京理工大学出版社，2014．

［11］余贵珍，等．自动驾驶系统设计及应用［M］．北京：清华大学出版社，2019．

［12］王建，等．自动驾驶技术概论［M］．北京：清华大学出版社，2019．

［13］Apollo开发者社区．Apollo硬件开发平台介绍［EB/OL］．2019．https://mp.weixin.qq.com/s?__biz=MzI1NjkxOTMyNQ==&mid=2247486032&idx=1&sn=3ddc44038aaaa703977f486829bd1189&scene=21#wechat_redirect．

［14］汽车之家．一切都很科幻 试乘传祺GE3自动驾驶汽车［EB/OL］．2019．https://www.maiche.com/news/detail/1753559.html．

［15］殷媛媛．国内外自动驾驶汽车的范畴及分类［EB/OL］．2020．http://www.istis.sh.cn/list/list.aspx?id=12455．

目 录

学习情境 1　新能源汽车高电压与操作安全 ⋯⋯⋯⋯⋯⋯⋯⋯⋯⋯⋯⋯⋯⋯⋯⋯⋯ 1
　任务工单 1.1　比亚迪 E5 450 纯电动汽车下电操作 ⋯⋯⋯⋯⋯⋯⋯⋯⋯⋯⋯⋯⋯⋯ 1
　任务工单 1.2　新能源汽车检测仪器设备使用 ⋯⋯⋯⋯⋯⋯⋯⋯⋯⋯⋯⋯⋯⋯⋯⋯⋯ 4

学习情境 2　纯电动汽车认知 ⋯⋯⋯⋯⋯⋯⋯⋯⋯⋯⋯⋯⋯⋯⋯⋯⋯⋯⋯⋯⋯⋯⋯ 7
　任务工单 2.1　比亚迪 E5 450 纯电动汽车组成结构认知 ⋯⋯⋯⋯⋯⋯⋯⋯⋯⋯⋯⋯ 7
　任务工单 2.2　比亚迪 E5 纯电动汽车驾驶操作与体验 ⋯⋯⋯⋯⋯⋯⋯⋯⋯⋯⋯⋯⋯ 12

学习情境 3　混合动力汽车认知 ⋯⋯⋯⋯⋯⋯⋯⋯⋯⋯⋯⋯⋯⋯⋯⋯⋯⋯⋯⋯⋯⋯ 15
　任务工单 3.1　丰田卡罗拉混合动力汽车认知 ⋯⋯⋯⋯⋯⋯⋯⋯⋯⋯⋯⋯⋯⋯⋯⋯ 15
　任务工单 3.2　卡罗拉混合动力汽车驾驶操作与体验 ⋯⋯⋯⋯⋯⋯⋯⋯⋯⋯⋯⋯⋯ 19

学习情境 4　燃料电池汽车及智能网联汽车认知 ⋯⋯⋯⋯⋯⋯⋯⋯⋯⋯⋯⋯⋯⋯⋯ 23
　任务工单 4.1　燃料电池汽车组成结构认知 ⋯⋯⋯⋯⋯⋯⋯⋯⋯⋯⋯⋯⋯⋯⋯⋯⋯ 23
　任务工单 4.2　智能网联汽车组成结构认知 ⋯⋯⋯⋯⋯⋯⋯⋯⋯⋯⋯⋯⋯⋯⋯⋯⋯ 27

学习情境 1　新能源汽车高电压与操作安全

任务工单 1.1　比亚迪 E5 450 纯电动汽车下电操作

任务名称	比亚迪 E5 450 纯电动汽车下电操作	学时	4	班级	
学生姓名		学生学号		任务成绩	
实训设备	比亚迪 E5 450 纯电动汽车整车 2 辆、解剖车 2 辆、高压零部件展示柜 2 套、举升机 4 台、绝缘工具 4 套、车间安全防护用具 4 套、带锁储物箱 4 个、个人防护用具 4 套、检测仪器（万用表、兆欧表等）2 套	实训场地	新能源汽车理实一体化教室	日期	
任务描述	小王是某纯电动汽车 4S 店的维修工，早晨接到一辆故障车，师傅让小王在对该纯电动汽车进行下电，以保证安全检修。你能告诉小王如何安全规范地对比亚迪 E5 450 电动汽车进行下电操作吗？				
任务目的	按照纯电动汽车维修作业安全规定及车辆维修手册要求，制定纯电动汽车下电的工作计划，按照正确规范的下电流程完成对比亚迪 E5 450 纯电动汽车的下电操作				

一、**资讯**

1. 具有_____系统是新能源汽车与传统汽车的最大区别之一。比亚迪 E5 450 纯电动汽车的动力电池额定电压高达_____V。
2. 人员触电防护标准中，A 级（直流_____V 以下，交流_____V 以下）为低压，不要求提供触电防护；B 级（直流_____V，交流_____V）为高压，对于任何 B 级电压电路的带电部件，都应为作业人员提供危险接触的防护。
3. 在车辆系统中，高压系统线束和插头均为_____，在带电作业时必须采取防护措施。
4. 触电，是指人体触及带电体时，_____对人体所造成的伤害。触电电流对人体的伤害是多方面的。根据伤害的性质不同，触电可分为_____和_____两种。
5. 通过人体的电流所引发的后果取决于_____、_____、_____和电流的频率。通过人体的电流可分为_____、_____和致命电流三类。
6. 讨论：
   人体安全电压是多少？_____
   电动汽车电压是多少？_____
   电动汽车危险吗？_____
   在什么情况下会触电？_____

学习情境1　新能源汽车高电压与操作安全

各组分别讨论以上议题，组员合理分工，分别在教室白板和下面框中画出一种电动汽车触电的可能情形。

```
┌─────────────────────────────────────────────────┐
│                                                 │
│                                                 │
│                                                 │
│                                                 │
│                                                 │
└─────────────────────────────────────────────────┘
```

7. 电气伤害救助时，首先将事故电路＿＿＿＿＿＿＿，然后拨打急救电话，在医生到来之前检查触电人员体征并进行急救。

8. 请识别下图个人高压防护用具，并将名称写在横线上。＿＿＿＿＿＿＿在使用前要进行测漏检查。

＿＿＿＿＿＿＿　＿＿＿＿＿＿＿　＿＿＿＿＿＿＿　＿＿＿＿＿＿＿　＿＿＿＿＿＿＿　＿＿＿＿＿＿＿

9. 新能源汽车常用的车间防护设备主要有＿＿＿＿＿＿、＿＿＿＿＿＿、＿＿＿＿＿＿、＿＿＿＿＿＿等。识别下图警示牌，当车辆下电后，需放置警示牌：＿＿＿＿＿＿；当车辆上电后，需放置警示牌：＿＿＿＿＿＿。

(a)　高压电气系统已接通，高压触点未暴露在外！

(b)　高压电气系统已断路！

10. 新能源汽车维修作业安全操作，一般遵循以下三点安全规程：

1)＿＿＿＿＿＿：断开来自高压系统的电压；

2)＿＿＿＿＿＿：防止再次接通；

3)＿＿＿＿＿＿：确保高压系统断电。

11. 在高压导电部件附近进行检修工作时，必须先让＿＿＿＿＿＿。

二、计划与决策

请根据任务要求，确定所需要的检测仪器、工具，并对小组成员进行合理分工，制定详细的比亚迪E5 450纯电动汽车下电计划。

1. 需要的资料及用具

2. 小组成员分工

3. 工作计划

任务工单1.1 比亚迪E5 450纯电动汽车下电操作

三、实施

1. 检查场地及安装警戒标志
1）检查场地，确认符合作业环境；
2）拉警戒遮拦，悬挂_____；
3）检查自身，确认没有佩戴_____、_____、硬币等，将佩戴的金属饰品、钥匙、硬币等放入_____并锁好；
4）找一名_____。

2. 切断低压电源
1）安装车内三件套及翼子板布、格栅布；
2）将电源挡位退至_____挡，将智能钥匙移开车辆探测范围；
3）等待_____分钟；
4）断开低压蓄电池_____端子。

3. 拆下维修开关
1）拆下_____并取出；
2）检查绝缘手套绝缘等级，绝缘等级为_____；
3）捏住绝缘手套手腕处，旋转密封，挤压手套，检查有无漏气，检查结果为：_____；
4）佩戴绝缘手套；
5）解锁_____；
6）拔下维修开关，将维修开关放到储物箱里并锁好；
7）放上置物盒，并盖好中央置物盒盖，防止_____维修开关位置；
8）更换_____，下电完成。

四、检查

下电完成后，进行如下检查：
1. 检查智能钥匙及维修开关是否锁好：_____。
2. 检查仪器、工具、设备是否复位：_____。
3. 检查场地是否清洁：_____。
4. 检查任务工单是否填写完整：_____。

五、评估

1. 请根据自己任务完成的情况，对自己的工作进行自我评估，并提出改进意见。
1）_____
_____
2）_____
_____
3）_____

2. 工单成绩（总分为自我评价、组长评价和教师评价得分值的平均值）

自我评价	组长评价	教师评价	总分

3

任务工单 1.2　新能源汽车检测仪器设备使用

任务名称	新能源汽车检测仪器设备使用	学时	4	班级	
学生姓名		学生学号		任务成绩	
实训设备	比亚迪 E5 450 纯电动汽车整车 2 辆、绝缘工具 4 套、车间安全防护用品 4 套、个人防护用具 4 套、检测仪器（万用表、兆欧表、示波器、诊断仪等）2 套	实训场地	新能源汽车理实一体化教室	日期	
任务描述	小王是某纯电动汽车 4S 店刚入职的维修工，对新能源汽车常用的检测仪器设备不会使用。你能给小王示范一下如何安全规范地使用新能源汽车检测仪器设备吗？				
任务目的	按照新能源汽车检测仪器设备使用说明及安全规范，制定新能源汽车检测仪器设备使用的工作计划，按照正确的规范操作绝缘电阻测试仪、示波器、钳形表及新能源汽车故障诊断仪等设备				

一、资讯

1. 新能源汽车常用检测仪器设备有_____、_____、_____、_____、_____等。进行绝缘测试时需要佩戴_____。
2. 兆欧表，也称_____，是电工常用的一种测量仪表，以_____为单位。兆欧表主要用来检查电气设备、家用电器或电气线路对地及相间的_____。
3. 由于绝缘测试时测试表笔输出高压电，因此进行绝缘测试时需要佩戴_____。
4. _____是一种用于测量正在运行的电气线路的电流大小的仪表，可在不断电的情况下测量电流。
5. 蓄电池内阻测试仪能够精确测量蓄电池两端_____和_____，并以此来判断蓄电池电池容量和技术状态的优劣。
6. 绝缘工具是指可在额定电压_____（交流电压）和_____（直流电压）的带电和近电工件或器件上进行维修作业的手工具。

二、计划与决策

请根据任务要求，确定所需要的检测仪器、工具，并对小组成员进行合理分工，制定详细的新能源汽车检测仪器设备使用的工作计划。

1. 需要的资料及用具

2. 小组成员分工

3. 工作计划

三、实施

1. 绝缘电阻测试仪的使用

（1）注意事项。

1）使用前请详细阅读该测量仪器的_____；

2）进行绝缘测试时，被测系统或部件_____；

3）进行绝缘测试时，由于兆欧表会输出高电压，所以需要佩戴_____，穿绝缘鞋。

（2）绝缘电阻测试仪的使用。

1）将_____表笔插在绝缘测试插孔上，_____表笔插在COM孔上；

2）选择_____伏挡位；

3）使用前先进行校表，即进行_____测试和_____测试，_____测试即红、黑表笔短接，进行兆欧表调零测试；

4）比亚迪E5纯电动汽车维修开关绝缘测试：

将红、黑两个表笔分别抵触在被测部位上，按下测试按钮开始测试，兆欧表显示被测电路上所加的测试电压为_____V，绝缘电阻为_____Ω。

2. 示波器的使用

（1）注意事项。

1）使用前请详细阅读该测量仪器的使用说明书；

2）要正确连接示波器的四个测量通道；

3）进行测试时，测试点电压不要超过测量通道的最大输入电压，以免烧坏仪器或发生触电。

（2）示波器的使用：测量比亚迪E5 450纯电动汽车加速踏板位置传感器信号波形。

1）选择_____色测量线束连接通道A；

2）借助博世208适配线，将示波器探针正极连接到加速踏板传感器信号1（插头4号端子），将示波器探针负极连接到车身搭铁上；

3）打开示波器电源开关，起动车辆，观察示波器屏幕波形，按_____键调整幅值，按_____键调整时间，多次踩下加速踏板，将波形调整至最佳观察状态，按HOID键保持，将波形绘制在下表中。

比亚迪E5 450纯电动汽车加速踏板位置传感器信号波形

3. 钳形表的使用

（1）注意事项。

1）使用前请详细阅读该测量仪器的使用说明书；

2）测量电流时，在确保钳口已闭合并且钳口内没有导线情况下，按下_____按钮先对仪表进行归零，以保证测量数据准确；

3）钳形表测量电流时，一次只能将_____根导线放入钳口中，并且导线要在钳口的_____，以保证测量数据准确。

（2）钳形表的使用：测量比亚迪E5 450高压电控总成内DC-DC转换器的直流输出电流。

1）将钳形表旋钮调至_____挡，按下_____按钮对仪表归零；

2）将感应钳夹在DC-DC转换器直流输出母线上，导线置于钳口_____位置，起动车辆，钳形表显示电流为_____左右。

学习情境1 新能源汽车高电压与操作安全

4. 新能源汽车故障诊断仪的使用

（1）注意事项。

1）不要带电_____故障诊断插头；

2）使用完毕后及时关闭诊断仪电源。

（2）使用方法：用道通 MS906 故障诊断仪，读取比亚迪 E5 450 电机控制器相关数据流。

1）确保电源开关处于_____位置，将故障诊断仪插头与汽车上的诊断插座连接；

2）踩下制动踏板，按下车辆电源开关，车辆上电。打开诊断仪电源开关，向上滑动解锁屏幕，依次点击"新能源"—"比亚迪"—"E5"—"诊断"—"控制单元"—"动力模块"—滑动翻页并点击"VTOG_DSP2"—"读数据流"—"数据流"选项，读取以下数据流并记录相关数据。

名称	数据流	名称	数据流
电机开启状态		动力电机母线电压	
制动踏板状态		动力电机转速	
挡位		电机转矩	
READY 指示灯状态		电机功率	
油门位置		动力电机温度	
脚刹深度		IGBT 最高温度	

四、检查

新能源汽车检测仪器设备使用完成后，进行如下检查：

1. 检查车辆是否复位：_____。
2. 检查仪器、工具、设备是否复位：_____。
3. 检查场地是否清洁：_____。
4. 检查任务工单是否填写完整：_____。

五、评估

1. 请根据自己任务完成的情况，对自己的工作进行自我评估，并提出改进意见。

1）_____

2）_____

3）_____

2. 工单成绩（总分为自我评价、组长评价和教师评价得分值的平均值）

自我评价	组长评价	教师评价	总分

学习情境 2　纯电动汽车认知

任务工单 2.1　比亚迪 E5 450 纯电动汽车组成结构认知

任务名称	比亚迪 E5 450 纯电动汽车组成结构认知	学时	4	班级	
学生姓名		学生学号		任务成绩	
实训设备	比亚迪 E5 450 纯电动汽车整车 2 辆、传统燃油汽车 2 辆、高压零部件展示柜 2 套、举升机 4 台、绝缘工具 4 套、车间安全防护用具 4 套、带锁储物箱 4 个、个人防护用具 4 套、检测仪器（万用表、兆欧表等）2 套	实训场地	新能源汽车理实一体化教室	日期	
任务描述	小王是某纯电动汽车 4S 店的服务顾问，客户张先生对一款纯电动汽车特别感兴趣，想让小王介绍下纯电动汽车组成结构。假如你是小王，你能向张先生介绍纯电动汽车的组成结构吗？				
任务目的	以行动为导向，引导学生制定计划，认知比亚迪 E5 450 纯电动汽车组成结构；在此过程中学习相关理论知识和实践操作技能				

一、资讯

1. 新能源汽车，是指采用新型动力系统，完全或主要依靠新型能源驱动的汽车，包括_____汽车、_____汽车和_____汽车等。
2. 纯电动汽车（Battery Electric Vehicle，简称_____），是指以_____为动力，用_____驱动车轮行驶，符合道路交通和安全法规各项要求的车辆。它利用动力电池（如铅酸电池、镍镉电池、_____电池或_____电池）作为储能动力源，通过动力电池向电动机提供电能，驱动电动机运转，从而推动汽车前进。
3. 电源系统包括动力电池箱、电池管理系统（BMS）、_____。
4. 驱动及传动系统包括_____、驱动电机、减速驱动桥等。
5. 整车控制系统包括_____、加速踏板位置传感器、制动踏板位置传感器、挡位信号、起动钥匙信号等。
6. 高压控制盒属于_____系统。
7. 辅助系统包括 DC-DC 直流转换器、低压蓄电池、_____、_____、电动空调系统、仪表显示系统等。
8. 电机控制器接收_____指令，实时调整驱动电机的输出，以实现整车怠速、加减速、能量回收及倒车等工作状态。
9. 若真空罐中的真空度小于设定值，则控制器控制_____开始工作。
10. 2018 款比亚迪 E5 450 纯电动汽车前机舱内的_____集成了_____模块、车载充电器模块、_____模块、高压配电模块以及漏电传感器等。

学习情境 2　纯电动汽车认知

11. 高压电控总成外部连接的高压部件有_____、_____、_____、暖风 PTC、_____、快充口以及预留的动力电池加热 PTC，也连接 DC-DC 的低压输出端子。

12. 高压电控总成内的_____模块，将动力电池的高压直流电转换为 12 V 直流电为整车低压用电系统供电及给低压蓄电池充电。

13. 当车辆下电时，_____模块在 5 秒内将高压电容的电压降到 60 V 以下，释放危险电能。

14. 讨论：电动汽车和传统燃油汽车的区别
各组分别讨论以上议题，组员合理分工，分别在教室白板和下面框中写出 3~4 种区别。

二、计划与决策

请根据任务要求，确定所需要的检测仪器、工具，并对小组成员进行合理分工，制定详细的认知比亚迪 E5 450 纯电动汽车组成结构的工作计划。

1. 需要的资料及用具

2. 小组成员分工

3. 工作计划

三、实施

1. 车辆准备
准备比亚迪 E5 450 纯电动车 1 辆，找到车辆铭牌，并记录铭牌信息：_____

2. 实践操作
可以分系统进行认知，也可以按车辆位置（驾驶室、前机舱、后备箱、快充、慢充、底盘）进行认知，下面分系统进行认知。

任务工单 2.1　比亚迪 E5 450 纯电动汽车组成结构认知

（1）认知高压电控总成。

打开前机舱盖，找到高压电控总成，拆掉前盖板，认知高压电控总成及外部高压线束，并将高压部件名称填写至文本框内。

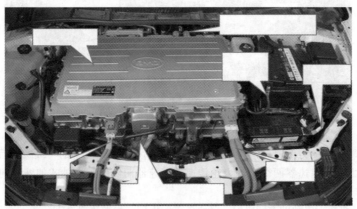

（2）认知动力电池、BMS、动力电池冷却液储液罐及水泵。

动力电池安装在车辆底部，举升车辆，认知动力电池及铭牌，动力电池为_____，额定电压为_____，额定容量为_____，动力电池采用_____方式冷却。认知部件并将部件名称填写至文本框内。

动力电池上的维修开关在中央置物盒内，降下车辆，打开中央置物盒，拆掉中央置物盒盖后可以看到维修开关。

认知电池管理器 BMS 及前机舱内的三个冷却液储液罐：

（3）认知充电口及便携式充电盒。

220 V 交流慢充与高压直流快充的充电口在车头车标处，可通过驾驶室内的充电舱门拉手打开充电舱门，认知充电口规格及结构，慢充口交流_____，快充口直流_____。打开后备箱，取出便携式充电盒，认知家用充电枪规格及结构，规格为_____。

（4）认知驱动电机、减速器和驱动电机冷却水泵。

举升车辆，认知驱动电机和减速器的安装位置及动力传递路线，将部件名称填写至文本框内。

驱动电机产生转矩将动力传递到_____，动力经过_____中的一级减速后进入主减速器和_____，动力再由差速器两个半轴齿轮传递到减速器两侧的三枢轴式伸缩万向节，最后传递至车轮。

（5）认知电动压缩机、电动助力转向器、电动真空泵及PTC水加热器总成。

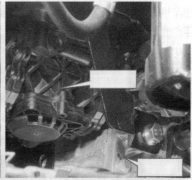

任务工单 2.1 比亚迪 E5 450 纯电动汽车组成结构认知

（6）认知组合仪表显示情况，并认知仪表指示灯及警告灯。
仪表盘显示：_____
_____

指示灯/警告灯	名称	指示灯/警告灯	名称
▭		▭	
▭		▭	
▭		OK	
▲		▭	
▭		▭	

四、检查

实验完成后，进行如下检查：
1. 检查车辆、工具、设备是否复位：_____。
2. 检查场地是否清洁：_____。
3. 检查任务工单是否填写完整：_____。

五、评估

1. 请根据自己任务完成的情况，对自己的工作进行自我评估，并提出改进意见。
1）_____
_____
2）_____
_____
3）_____

2. 工单成绩（总分为自我评价、组长评价和教师评价得分值的平均值）

自我评价	组长评价	教师评价	总分

学习情境 2 纯电动汽车认知

任务工单 2.2 比亚迪 E5 纯电动汽车驾驶操作与体验

任务名称	比亚迪 E5 纯电动汽车驾驶操作与体验	学时	4	班级	
学生姓名		学生学号		任务成绩	
实训设备	比亚迪 E5 450 纯电动汽车 2 辆	实训场地	新能源汽车理实一体化教室及室外试乘试驾场地	日期	
任务描述	小王是某 4S 店的销售顾问,客户张先生对一款比亚迪 E5 纯电动汽车特别感兴趣,想申请试乘试驾。假如你是小王,你能安全规范地带领张先生进行车辆操作与试乘试驾吗?				
任务目的	以行动为导向,引导学生制定纯电动汽车驾驶操作与体验计划;在此过程中学习驾乘体验注意事项和比亚迪 E5 纯电动汽车驾驶操作技能,并完成驾乘体验评价表				

一、资讯

1.＿＿＿＿＿色线束为高压线束。用户不可对车辆高压系统进行自行维修,如果有任何维修需要,建议到比亚迪汽车授权服务店进行维修。

2. 通过遥控钥匙或者携带电子智能钥匙按左右前门＿＿＿＿＿(外把手上黑色按钮),可以解锁/闭锁所有车门。

3. 作为被动安全装置之一,在发生碰撞时,＿＿＿＿＿与＿＿＿＿＿一起发挥作用,才能最大限度地保护驾乘人员安全,因此驾乘车辆一定要系好＿＿＿＿＿。

4. 按下"P"挡按钮时,为避免损坏变速器,必须在车辆＿＿＿＿＿后再按下"P"挡按钮。

5. 开始驾驶前须检查一下＿＿＿＿＿的情况,调节座椅位置、座椅靠背角度、头部保护装置的高度和转向盘的角度,系好安全带。

6. 携带有效智能钥匙,踩住＿＿＿＿＿,按下起动按钮,检查＿＿＿＿＿亮起,检查电池电量和计程表上的预估行程。

7. 当车在"D"挡或者"R"(倒退)挡并且安全带收紧时,踩下油门踏板后,电子手刹会＿＿＿＿＿。也可以＿＿＿＿＿释放电子手刹。

二、计划与决策

请根据任务要求,确定所需要的检测仪器、工具,并对小组成员进行合理分工,制定详细的比亚迪 E5 纯电动汽车驾驶操作与体验工作计划。

1. 需要的资料及用具

2. 小组成员分工

3. 工作计划

任务工单 2.2 比亚迪 E5 纯电动汽车驾驶操作与体验

三、实施

1. 车辆准备

准备比亚迪 E5 450 纯电动汽车 1 辆。比亚迪 E5 450 纯电动汽车采用三元锂电池,等速续驶里程可达 _____ km。

2. 实践操作

(1)按下遥控解锁键解锁车门,打开车门进入车内,将方向盘、座椅调到合适位置,系好安全带。

(2)踩下制动踏板,按下起动按钮,观察仪表,车辆首先进入自检,如果各系统正常,自检完成后,故障指示灯和警告灯应自动熄灭。OK 灯点亮,表示车辆已为驾驶准备就绪,将后视镜调到合适位置。

(3)踩住制动踏板,将挡位换至 D 挡,观察信息显示屏上的挡位指示器,挡位由 P 挡切换至 D 挡,电子驻车自动解除。

逐渐松开制动踏板,轻踩加速踏板,车辆缓慢加速向前行驶。观察仪表的能量监视器,能量监视器显示动力电池正在给驱动电机供电驱动车辆行驶。快速踩下加速踏板,感受车辆加速性能,车辆提速迅猛,功率表显示车辆当前输出功率增加。

松开加速踏板,能量监视器显示当前车辆正在给动力电池充电。

(4)调节能量回馈强度,再次体验。

(5)完成驾乘体验评价表

评价者姓名		联系电话	
职业		驾龄	
业务代表		评估日期	
评估车型		里程	

类别	评级项目	评估结果			备注
		非常好	好	一般	
车辆外观	外形尺寸				
	造型美感				
舒适性	乘坐舒适性				
	驾驶座椅舒适性				
	音响效果				
	空调效果				
	轮胎及胎噪				
操纵性	仪表配色及辨识性				
	驾驶方便性				
	转向灵活性				
	视野				

续表

类别	评级项目	评估结果			备注
		非常好	好	一般	
安全性	驾驶安全感				
	ABS 效果				
	倒车雷达				
	安全气囊				
动力性	起步加速				
	中途加速				
经济性	满电续航里程				
	百公里耗电				
汽车内部感受	汽车内饰				
	工艺水平				
	内饰配色				
	内部空间				
	操纵键可控性				
其他	车门进出方便性				
	玻璃升降方便性				
	天窗				
	E 配备				

四、检查

实验完成后,进行如下检查:

1. 检查车辆、工具、设备是否复位:_____。
2. 检查场地是否清洁:_____。
3. 检查任务工单是否填写完整:_____。

五、评估

1. 请根据自己任务完成的情况,对自己的工作进行自我评估,并提出改进意见。

1)_____

2)_____

3)_____

2. 工单成绩(总分为自我评价、组长评价和教师评价得分值的平均值)

自我评价	组长评价	教师评价	总分

学习情境 3 混合动力汽车认知

任务工单 3.1 丰田卡罗拉混合动力汽车认知

任务名称	丰田卡罗拉混合动力汽车认知	学时	4	班级	
学生姓名		学生学号		任务成绩	
实训设备	丰田卡罗拉混合动力汽车 2 辆、高压零部件展示柜 2 套、举升机 2 台、绝缘工具 4 套、车间安全防护用品 4 套、个人防护用具 4 套	实训场地	新能源汽车理实一体化教室	日期	
任务描述	小王是一汽丰田汽车 4S 店的服务顾问,客户张先生对丰田卡罗拉混合动力汽车特别感兴趣,想让小王介绍下该款混合动力汽车的结构组成。假如你是小王,你能向张先生介绍丰田卡罗拉混合动力汽车的结构组成吗?				
任务目的	以行动为导向,引导学生制定计划,认知混合动力汽车结构组成及正确驾驶操作;在此过程中学习相关理论知识和实践操作技能				

一、**资讯**

1. 混合动力电动汽车(Hybrid Electrical Vehicle,简称_____)是指由两种和两种以上不同类型的动力源作驱动能源,其中至少有一种能提供_____的汽车。
2. 根据混合动力驱动的混合方式,混合动力汽车主要分为_____、_____、_____三类。
3. 串联式混合动力系统由_____、_____、_____和_____组成。发动机带动发电机发电,所产生的电能通过电机控制器提供给电动机,再由电动机转化为动能后驱动车辆。
4. 丰田卡罗拉混合动力汽车高压部件主要有_____、_____、P410 混合驱动桥、_____及高压线束等。
5. 卡罗拉 P410 混合驱动桥总成内部由_____、_____、_____和电动机减速行星齿轮机构组成,_____主要用于起动发动机和发电,_____主要用于发电和驱动车轮。
6. 带转换器的逆变器总成内的升压转换器将 HV 动力电池的_____V 直流电升高至_____V 送给逆变器。
7. HV 动力电池为_____电池,由_____个单独的蓄电池模块组成,每个蓄电池模块均由 6 个电池单体组成,HV 动力电池公称电压为_____V。

二、**计划与决策**

请根据任务要求,确定所需要的检测仪器、工具,并对小组成员进行合理分工,制定详细的认知混合动力汽车结构组成及正确驾驶操作的工作计划。

1. 需要的资料及用具

2. 小组成员分工

3. 工作计划

学习情境 3　混合动力汽车认知

三、实施

1. 车辆准备

准备卡罗拉混合动力汽车 1 辆。

2. 混合动力汽车认知操作

1）找到车辆铭牌。

车辆铭牌在_____，车辆主要信息有：_____。

2）找到发动机。

发动机代号为_____。这是一款直列 4 缸、1.8L、16 气门的双顶置凸轮轴发动机。该发动机配备了电动水泵以提高暖机性能和减少冷却损失。

3）找到带转换器的逆变器总成，在下图方框内写出所指部件名称。

升压转换器将 HV 动力电池的 201.6 V 直流电升高至_____送给逆变器。

逆变器将 650 V 高压直流电转为_____驱动电机工作，或者逆变器将电机发出的三相交流电转为 650 V 直流电送给升压转换器，升压转换器将 650 V 高压直流电降压至 201.6 V 给 HV 动力电池充电。

_____转换器将 HV 动力电池的 201.6 V 直流电转换为直流 14 V，给辅助蓄电池充电。

MG ECU 与混合动力车辆 ECU 等控制单元通讯，控制升压转换器、逆变器以及电机 MG1 和 MG2 的工作。

逆变器总成和电机的冷却系统，主要由逆变器_____、冷却风扇和散热器组成。

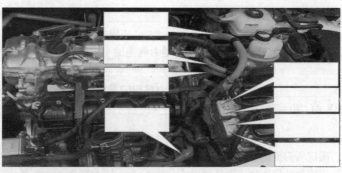

4）找到 HV 动力电池和辅助蓄电池。

卡罗拉混合动力车辆有两个蓄电池，这两个蓄电池都在_____，一个是为车辆低压电气部件供电的辅助蓄电池，一个是存储电能来驱动车辆的_____。在下图方框内写出所指部件名称。并在前机舱内找到跨接起动端子。动力电池的发热采用_____系统冷却。

任务工单 3.1　丰田卡罗拉混合动力汽车认知

5）找到 P410 混合驱动桥，找到 MG1 高压连接器和 MG2 高压连接器。
6）找到电动压缩机。
7）找到制动系统部件，在下图方框内写出所指部件名称。
　　卡罗拉混合动力车辆采用_____制动系统，没有使用常规的制动助力器部分，而是由液压制动助力器、_____和制动助力器总泵组成。

8）找到组合仪表，在下图方框内写出所指部件名称。

9）找到电源开关、换挡杆、驾驶模式选择按钮及 P 位置开关，在下图方框内写出所指部件名称。

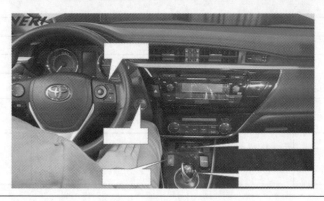

学习情境3 混合动力汽车认知

3. 丰田卡罗拉混合动力汽车下电操作
（1）准备工作。
穿戴好工服及绝缘鞋，做好车辆防护：安装方向盘套、座椅套及地板垫，安装翼子板布、前格栅布。
（2）下电操作。
1）确保电源开关在_____位置，并将钥匙移开智能系统探测范围。
2）断开辅助蓄电池负极。
①打开行李箱，拆下行李箱前装饰罩；
②拆下辅助蓄电池负极并适当固定，防止电瓶夹接触到辅助蓄电池负极。
3）拆下维修塞。
①拆下HV动力电池屏蔽板；
②检查绝缘手套是否有破裂、磨损或其他类型的损坏。旋转密封，确保绝缘手套_____。检查无误后戴好绝缘手套；
③拆下维修塞。
解锁并拆下维修塞，将维修塞装入衣兜中。
4）等待电容放电。
至少需等待_____分钟，使逆变器总成内的_____放电。
5）验电。
①拆下逆变器总成低压控制插头，然后从逆变器总成上拆下连接器盖总成；
②将万用表旋至直流电压挡，佩戴绝缘手套，检查逆变器总成检查点的正负极端子间电压，规定电压值应为0V，检测结果为_____。
6）盖上连接器盖总成，防止异物进入。
下电完毕，可以进行维修操作。

四、检查

任务完成后，进行如下检查：
1. 检查车辆、工具、设备是否复位：_____。
2. 检查场地是否清洁：_____。
3. 检查任务工单是否填写完整：_____。

五、评估

1. 请根据自己任务完成的情况，对自己的工作进行自我评估，并提出改进意见。
1）_____
_____
2）_____

3）_____

2. 工单成绩（总分为自我评价、组长评价和教师评价得分值的平均值）

自我评价	组长评价	教师评价	总分

任务工单 3.2　卡罗拉混合动力汽车驾驶操作与体验

任务名称	卡罗拉混合动力汽车驾驶操作与体验	学时	4	班级	
学生姓名		学生学号		任务成绩	
实训设备	丰田卡罗拉混合动力汽车 2 辆	实训场地	新能源汽车理实一体化教室及室外试乘试驾场地	日期	
任务描述	小王是某品牌 4S 店的服务顾问，客户张先生对丰田卡罗拉一款混合动力汽车特别感兴趣，想申请试乘试驾。假如你是小王，你能安全规范地带领张先生进行试乘试驾吗？				
任务目的	以行动为导向，引导学生制定卡罗拉混合动力汽车驾驶操作与体验的计划；在此过程中学习驾乘体验注意事项和丰田卡罗拉混合动力汽车驾驶操作技能，并完成驾乘体验评价表				

一、资讯

1. 试驾时要注意以下事项：

1）选择已经_____的专供试驾用的车辆；

2）试驾前签署内容具体、权责分明的_____；

3）按照经销商规定的线路，谨慎驾驶；

4）不熟练者不宜试驾。

2. 踩下制动踏板，按下_____，观察仪表，如果仪表_____指示灯点亮，表示车辆已为驾驶准备就绪。

3. 多信息显示屏上的_____指示灯，在汽油发动机停机时或仅使用电机驱动车辆时点亮。

4. 在_____驱动模式下，由 HV 动力电池供电，使用电机驱动车辆，可行驶的距离是几百米至一千米。根据车辆状况，某些情况下可能无法使用 EV 驱动模式。按下 EV 模式选择按钮，现在 HV 动力电池电量不足，多信息显示屏提示_____。

5. 卡罗拉混合动力高压安全包含两点：_____和"高压电路切断"。

6. 当发生碰撞时，混合动力车辆控制 ECU 总成通过断开_____来切断电源，以确保安全。

7. 卡罗拉混合动力汽车的绝缘检测是由内置于蓄电池智能单元的_____来完成的。

二、计划与决策

请根据任务要求，确定所需要的检测仪器、工具，并对小组成员进行合理分工，制定详细的卡罗拉混合动力汽车驾驶操作与体验的工作计划。

1. 需要的资料及用具

学习情境3　混合动力汽车认知

2. 小组成员分工

3. 工作计划

三、实施

1. 车辆准备

准备卡罗拉混合动力汽车1辆。

2. 混合动力汽车驾驶操作

（1）驾驶前准备。

按下遥控解锁键解锁所有车门，进入车内后，将方向盘、座椅、车内后视镜调到合适位置，系好安全带。

（2）功能体验及驾驶操作。

1）_____制动踏板，电源开关置于ACC挡，观察仪表显示。

2）_____制动踏板，电源开关置于ON挡，观察仪表显示。

3）踩下制动踏板，再次按下电源开关，或由OFF位置直接踩下制动踏板并按下电源开关，观察仪表，如果仪表READY指示灯点亮，表示_____。

4）车辆起动及加减速体验。

踩下制动踏板，将电子换挡杆拨至D挡。

松开手刹，逐渐松开制动踏板，轻踩加速踏板，车辆缓慢加速向前行驶。观察仪表的能量监视器，能量监视器显示_____。

快速踩下加速踏板，感受车辆加速性能，能量监视器显示_____。

松开加速踏板或踩下制动踏板，能量监视器显示_____。

5）在汽油发动机停机时或仅使用电机驱动车辆时，EV指示灯_____；当发动机参与驱动车辆时，EV指示灯_____；车辆停车状态下，发动机运转时，EV指示灯_____。

6）车辆驾驶模式选择体验。

按下EV模式选择按钮，能否进行EV模式：_____。仪表显示：_____。

在驾驶途中需要频繁加速和制动时，可选择_____模式行驶。

动力模式适用于山地行驶或超车等追求高水准的响应速度和快感的情况。按下动力模式选择按钮，多信息显示屏显示当前模式为_____模式。

任务工单 3.2 卡罗拉混合动力汽车驾驶操作与体验

3. 完成驾乘体验评价表

评价者姓名		联系电话	
职业		驾龄	
业务代表		评估日期	
评估车型		里程	

类别	评级项目	评估结果			备注
		非常好	好	一般	
车辆外观	外形尺寸				
	造型美感				
舒适性	乘坐舒适性				
	驾驶座椅舒适性				
	音响效果				
	空调效果				
	轮胎及胎噪				
操纵性	仪表配色及辨识性				
	驾驶方便性				
	转向灵活性				
	视野				
安全性	驾驶安全感				
	ABS 效果				
	倒车雷达				
	安全气囊				
动力性	起步加速				
	中途加速				
经济性	经济模式下百公里油耗				
	动力模式下百公里油耗				
汽车内部感受	汽车内饰				
	工艺水平				
	内饰配色				
	内部空间				
	操纵键可控性				
其他	车门进出方便性				
	玻璃升降方便性				
	天窗				
	E 配备				

四、检查

任务完成后,进行如下检查:

1. 检查车辆、工具、设备是否复位:_____。
2. 检查场地是否清洁:_____。
3. 检查任务工单是否填写完整:_____。

五、评估

1. 请根据自己任务完成的情况,对自己的工作进行自我评估,并提出改进意见。

1)_____

_____

2)_____

_____

3)_____

2. 工单成绩(总分为自我评价、组长评价和教师评价得分值的平均值)

自我评价	组长评价	教师评价	总分

学习情境 4　燃料电池汽车及智能网联汽车认知

任务工单 4.1　燃料电池汽车组成结构认知

任务名称	燃料电池汽车组成结构认知	学时	4	班级	
学生姓名		学生学号		任务成绩	
实训设备	丰田 Mirai 氢燃料电池汽车 2 辆、举升机 2 台、车间安全防护用具 2 套、绝缘工具 4 套、个人防护用具 4 套、检测仪器（万用表、兆欧表等）4 套	实训场地	新能源汽车理实一体化教室	日期	
任务描述	小王是某汽车 4S 店的服务顾问，客户张先生想了解下燃料电池汽车与纯电动汽车在结构上有什么不同。假如你是小王，你能向张先生介绍燃料电池汽车的组成结构吗？				
任务目的	以行动为导向，引导学生制定计划，认知燃料电池汽车组成结构；在此过程中学习相关理论知识和实践操作技能				

一、资讯

1. 燃料电池电动汽车（Fuel Cell Electric Vehicle，简称_____）是一种用_____装置产生的电力作为动力的汽车。车载燃料电池装置所使用的燃料为_____或含氢燃料经重整所得到的高含氢重整气。

2. 质子交换膜燃料电池（proton exchange membrane fuel cell，简称_____）的单电池由_____、_____和_____组成，阳极为氢燃料发生氧化的场所，阴极为氧化剂还原的场所，两极都含有加速电极电化学反应的催化剂。

3. 纯燃料电池汽车的燃料电池系统将_____与_____反应产生的电能通过总线传给_____，驱动电机将电能转化为机械能再传给传动系，从而驱动汽车前进。

4. 丰田 Mirai 底盘上安装有_____、_____、_____和由_____、_____组成的动力系统。

二、计划与决策

请根据任务要求，确定所需要的检测仪器、工具，并对小组成员进行合理分工，制定详细的认知氢燃料电池汽车组成结构的工作计划。

1. 需要的资料及用具

2. 小组成员分工

3. 工作计划

三、实施

1. 车辆准备

准备丰田 Mirai 氢燃料电池汽车 1 辆。

2. 实践操作

1）认知丰田 Mirai 氢燃料电池汽车主要组件。

将丰田 Mirai 氢燃料电池汽车主要组件名称填在方框内。

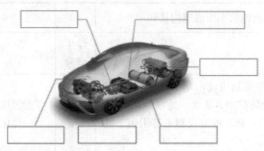

2）丰田 Mirai 氢燃料电池汽车工作原理。

丰田 Mirai 氢燃料电池汽车工作原理：_____中的氢气与车头吸入的氧气在_____内发生反应，产生的电能驱动电机从而带动车辆；反应产生的剩余电能存入_____。

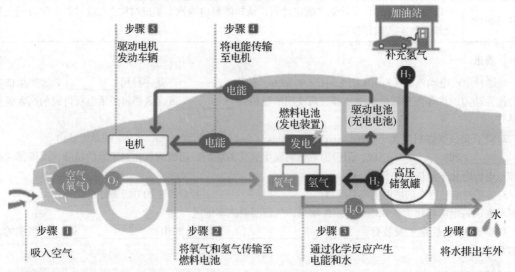

3）储氢罐。

丰田 Mirai 氢燃料电池汽车储氢罐位于_____。两个储气罐容积分别为 60 L 和 62.4 L，最大可存储_____公斤氢燃料，储气压力可达_____MPa。

4）燃料电池（燃料电池堆）。

丰田 Mirai 的燃料电池位于_____下方。燃料电池是整车的电力来源，在这里氢气与氧气发生反应产生电能。其能量密度达到了 3.1 kW/L，发电总功率可达 114 kW。

5）储能电池（可充电电池）。

储能电池位于_____后方。储能电池虽然占据了一定的后备箱空间，但其发挥的作用很大。燃料电池组输出剩余的电能和车辆行驶过程中回收的电能都能被它储存起来，供_____和_____使用。

6）升压变压器。

在新一代燃料电池系统中，发出的电能还需要经过_____的升压才能供给电动机使用，最终输出电压由 2008 年款燃料电池的 250 V 上升到了_____V。

任务工单 4.1　燃料电池汽车组成结构认知

7）电动机（电机）。

电动机位于_____。最大输出功率_____kW，峰值扭矩达到了_____Nm，保证了良好的低速响应。

8）加氢口。

加满两个储氢罐的时间在_____~_____分钟。加注燃料的所需时间与普通汽油车加油差不多，比起电动车充电多快很多。

9）电源插口。

丰田 Mirai 有_____和_____两个电源插口。当住宅停电时，借助车上的电源插口，丰田 Mirai 燃料电池车可以为其供电。通过车上自带的接口，可提供功率为 9 kW、共计 60 kWh 的电能；交流充电口可以给笔记本电脑等设备提供电力。

四、检查

实验完成后，进行如下检查：

1. 检查车辆、工具、设备是否复位：_____。
2. 检查场地是否清洁：_____。
3. 检查任务工单是否填写完整：_____。

学习情境4　燃料电池汽车及智能网联汽车认知

五、评估

1. 请根据自己任务完成的情况，对自己的工作进行自我评估，并提出改进意见。

1）_____

2）_____

3）_____

2. 工单成绩（总分为自我评价、组长评价和教师评价得分值的平均值）

自我评价	组长评价	教师评价	总分

任务工单 4.2 智能网联汽车组成结构认知

任务名称	智能网联汽车组成结构认知	学时	4	班级	
学生姓名		学生学号		任务成绩	
实训设备	2019年中国技能大赛用智能网联汽车实操竞赛车辆2辆、绝缘工具2套、车间安全防护用具2套、个人防护用具2套、检测仪器（万用表、兆欧表等）2套	实训场地	新能源汽车理实一体化教室	日期	
任务描述	小王是无人驾驶汽车爱好者，对无人驾驶技术特别感兴趣，你能向小王介绍一下无人驾驶汽车的关键技术与组成结构吗？				
任务目的	以行动为导向，引导学生制定计划，认知智能网联汽车组成结构；在此过程中学习相关理论知识和实践操作技能				

一、资讯

1. 智能网联汽车，简称_____，是指搭载先进的_____、控制器和执行器等装置，并融合_____技术，实现车与X（人、车、路、云端等）的智能信息交换、共享，具备_____、智能决策和协同控制等功能，可实现"安全、高效、舒适、节能"行驶，并最终可实现替代人来操作驾驶系统的新一代汽车。

2. 目前智能网联汽车实现方式可以分为自主式和_____两大技术路线。

3. 自主式智能网联汽车通过搭载先进的_____（如配置高精度的_____、_____等）来感知车辆周边环境，并由计算设备决策、控制车辆行为，实现智能驾驶。

4. 请写出以下简称所对应的名称。

ACC		FCW	
LKA		LDW	
ESC		BSD	
AEB		IPA	

5. 美国SAE对汽车智能化的分级中，L3代表_____自动化，由自动驾驶系统完成所有的驾驶操作。根据系统要求，人类驾驶者提供适应的应答。

6. 中国对汽车智能化的分级中，PA代表_____，系统根据环境信息执行转向和加减速操作，其他驾驶操作都由人完成。

7. 智能网联汽车分为三大系统：_____、_____和控制。

8. 智能网联汽车硬件系统,请填写下图中的空白文本框。

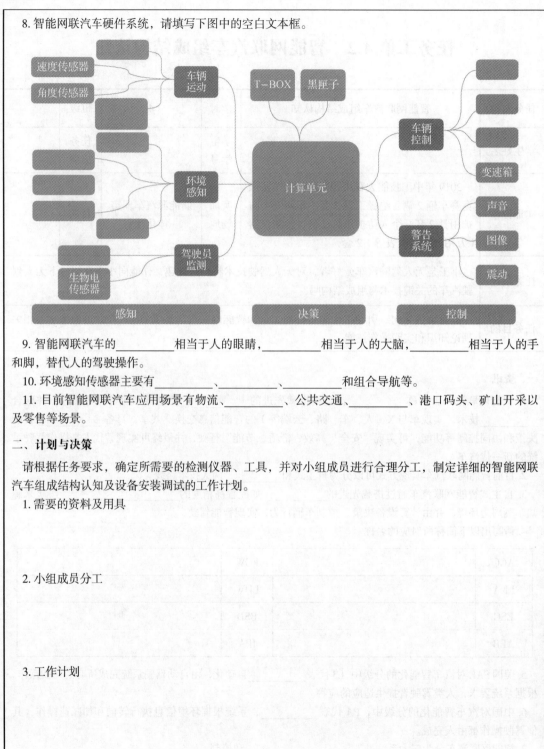

9. 智能网联汽车的_____相当于人的眼睛,_____相当于人的大脑,_____相当于人的手和脚,替代人的驾驶操作。

10. 环境感知传感器主要有_____、_____、_____和组合导航等。

11. 目前智能网联汽车应用场景有物流、_____、公共交通、_____、港口码头、矿山开采以及零售等场景。

二、计划与决策

请根据任务要求,确定所需要的检测仪器、工具,并对小组成员进行合理分工,制定详细的智能网联汽车组成结构认知及设备安装调试的工作计划。

1. 需要的资料及用具

2. 小组成员分工

3. 工作计划

三、实施

1. 识别智能网联汽车环境感知传感器在实际车辆上的安装位置,请将传感器名称写在相应的文本框内。

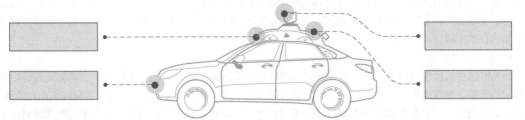

2. 实践操作

准备 2019 年中国技能大赛——全国新能源汽车关键技术技能大赛机动车检测工(新能源汽车智能化技术)赛项指定的智能网联汽车实操竞赛车辆 1 辆,进行智能网联汽车组成结构认知以及传感器的安装与调试。

(1)认知智能网联汽车实操平台主要组件。

请识别智能网联汽车实操平台主要组件,并将名称填写至文本框内。

(2)智能网联汽车设备安装与调试。

1)安装路由器。

2)安装交换机。

3)安装 AGX 处理器。

4)安装组合导航系统。

注意:

① GNSS 天线分别旋拧到车前后向两个 GNSS 天线支架上,安装时要保证两个 GNSS 天线相位中心形成的连线与测试载体中心轴线方向_____。

② 组合导航主机安装前要进行 SIM 卡的检查。

③ 组合导航主机单元必须与被测载体固连,主机安装底面应平行于被测载体的基准面,主机铭牌上标示的 Y 轴指向必须与被测载体的_____一致。

5）毫米波雷达的安装与调试。

选取毫米波雷达 1 台，内六角螺栓 M5×3 个，旋拧螺栓将毫米波雷达固定于车辆前方。将毫米波雷达的安装位置进行调整，通过滑轨将毫米波雷达调整至 X 方向的中间位置，Z 方向保证毫米波雷达上下边缘不能与保险杠框架接触，并保持 1~2 cm 的距离；用水平测量仪对模拟波雷达的俯仰角和偏转角进行调整，保证毫米波雷达的俯仰角不超过 1°；调整好位置后，用内六角扳手调整顶丝对毫米波雷达调节转轴进行固定以防运行过程中发生晃动。

6）激光雷达的调试。

激光雷达主机位于台架上，选手安装时只需选取激光雷达电源盒一台，接插头 2 个，将激光雷达电源盒初步安装于操作平台上。通过台架上的滑轨，将激光雷达调整至车身的 X 方向和 Y 方向的正中间位置，调整 Z 轴高度，保证其扫描范围不被摄像头支撑架遮挡。调整好位置后，用内六角扳手调整顶丝对激光雷达调节转轴进行固定以防运行过程中发生晃动。

7）摄像头的安装与调试。

摄像头安装于台架前后左右的四个方向，通过台架上的滑轨，将前后摄像头调至 X 方向中间位置，Z 方向调至同样高度；将左右摄像头调至 Y 方向的中间位置，Z 方向调至同样高度；调整摄像头的俯仰角度，保证摄像头能水平看到周围环境。

8）根据线束连接图，连接整车线束。

四、检查

实验完成后，进行如下检查：

1. 检查车辆、工具、设备是否复位：_____。
2. 检查场地是否清洁：_____。
3. 检查任务工单是否填写完整：_____。

五、评估

1. 请根据自己任务完成的情况，对自己的工作进行自我评估，并提出改进意见。

1）_____

2）_____

3）_____

2. 工单成绩（总分为自我评价、组长评价和教师评价得分值的平均值）

自我评价	组长评价	教师评价	总分